FINLANDÊS
VOCABULÁRIO

PORTUGUÊS BRASILEIRO

PORTUGUÊS
FINLANDÊS

Para alargar o seu léxico e apurar
as suas competências linguísticas

7000 palavras

Vocabulário Português Brasileiro-Finlandês - 7000 palavras

Por Andrey Taranov

Os vocabulários da T&P Books destinam-se a ajudar a aprender, a memorizar, e a rever palavras estrangeiras. O dicionário é dividido em temas, cobrindo todas as principais esferas de atividades quotidianas, negócios, ciência, cultura, etc.

O processo de aprendizagem, utilizando os dicionários baseados em temáticas da T&P Books dá-lhe as seguintes vantagens:

- Informação de origem corretamente agrupada predetermina o sucesso em fases subsequentes da memorização de palavras
- Disponibilização de palavras derivadas da mesma raiz, o que permite a memorização de unidades de texto (em vez de palavras separadas)
- Pequenas unidades de palavras facilitam o processo de estabelecimento de vínculos associativos necessários para a consolidação do vocabulário
- O nível de conhecimento da língua pode ser estimado pelo número de palavras aprendidas

T&P Books Publishing
www.tpbooks.com

ISBN: 978-1-78767-348-9

Este livro também está disponível em formato E-book.
Por favor visite www.tpbooks.com ou as principais livrarias on-line.

VOCABULÁRIO FINLANDÊS
palavras mais úteis

Os vocabulários da T&P Books destinam-se a ajudar a aprender, a memorizar, e a rever palavras estrangeiras. O vocabulário contém mais de 7000 palavras de uso comum organizadas tematicamente.

O vocabulário contém as palavras mais comummente usadas
Recomendado como adicional para qualquer curso de línguas
Satisfaz as necessidades dos iniciados e dos alunos avançados de línguas estrangeiras
Conveniente para o uso diário, sessões de revisão e atividades de auto-teste
Permite avaliar o seu vocabulário

Características especias do vocabulário

*   As palavras estão organizadas de acordo com o seu significado, e não por ordem alfabética
*   As palavras são apresentadas em três colunas para facilitar os processos de revisão e auto-teste
*   As palavras compostas são divididas em pequenos blocos para facilitar o processo de aprendizagem
*   O vocabulário oferece uma transcrição simples e adequada de cada palavra estrangeira

O vocabulário contém 198 tópicos incluindo:

Conceitos básicos, Números, Cores, Meses, Estações do ano, Unidades de medida, Roupas & Acessórios, Alimentos & Nutrição, Restaurante, Membros da Família, Parentes, Caráter, Sentimentos, Emoções, Doenças, Cidade, Passeios, Compras, Dinheiro, Casa, Lar, Escritório, Trabalho no Escritório, Importação & Exportação, Marketing, Pesquisa de Emprego, Esportes, Educação, Computador, Internet, Ferramentas, Natureza, Países, Nacionalidades e muito mais ...

TABELA DE CONTEÚDOS

GUIA DE PRONUNCIAÇÃO

Alfabeto fonético T&P	Exemplo Finlandês	Exemplo Português
[·]	juomalasi [juoma·lasi]	ponto mediano
[:]	aalto [a:lto]	som de longa duração

[a]	hakata [hakata]	chamar
[e]	ensi [ensi]	metal
[i]	musiikki [musi:kki]	sinônimo
[o]	filosofi [filosofi]	lobo
[u]	peruna [peruna]	bonita
[ø]	keittiö [kejttiø]	orgulhoso
[æ]	määrä [mæ:ræ]	semana
[y]	Bryssel [bryssel]	questionar

Consoantes

[b]	banaani [bana:ni]	barril
[d]	odottaa [odotta:]	dentista
[dʒ]	Kambodža [kambodʒa]	adjetivo
[f]	farkut [farkut]	safári
[g]	jooga [jo:ga]	gosto
[j]	suojatie [suojatæ]	Vietnã
[h]	ohra [ohra]	[h] aspirada
[ɦ]	jauhot [jauɦot]	[h] suave
[k]	nokkia [nokkia]	aquilo
[l]	leveä [leveæ]	libra
[m]	moottori [mo:ttori]	magnólia
[n]	nainen [najnen]	natureza
[ŋ]	ankkuri [aŋkkuri]	alcançar
[p]	pelko [pelko]	presente
[r]	raketti [raketti]	riscar
[s]	sarastus [sarastus]	sanita
[t]	tattari [tattari]	tulipa
[ʋ]	luvata [luʋata]	fava
[ʃ]	šakki [ʃakki]	mês
[tʃ]	Chile [tʃile]	Tchau!
[z]	kazakki [kazakki]	sésamo

ABREVIATURAS
usadas no vocabulário

Abreviaturas do Português

adj	-	adjetivo
adv	-	advérbio
anim.	-	animado
conj.	-	conjunção
desp.	-	esporte
etc.	-	Etcetera
ex.	-	por exemplo
f	-	nome feminino
f pl	-	feminino plural
fem.	-	feminino
inanim.	-	inanimado
m	-	nome masculino
m pl	-	masculino plural
m, f	-	masculino, feminino
masc.	-	masculino
mat.	-	matemática
mil.	-	militar
pl	-	plural
prep.	-	preposição
pron.	-	pronome
sb.	-	sobre
sing.	-	singular
v aux	-	verbo auxiliar
vi	-	verbo intransitivo
vi, vt	-	verbo intransitivo, transitivo
vr	-	verbo reflexivo
vt	-	verbo transitivo

CONCEITOS BÁSICOS

Conceitos básicos. Parte 1

1. Pronomes

eu	minä	[minæ]
você	sinä	[sinæ]
ele	hän	[hæn]
ela	hän	[hæn]
ele, ela (neutro)	se	[se]
nós	me	[me]
vocês	te	[te]
eles, elas	he	[he]

2. Cumprimentos. Saudações. Despedidas

Oi!	Hei!	[hej]
Olá!	Hei!	[hej]
Bom dia!	Hyvää huomenta!	[hyʋæ: huomenta]
Boa tarde!	Hyvää päivää!	[hyʋæ: pæjʋæ:]
Boa noite!	Hyvää iltaa!	[hyʋæ: ilta:]
cumprimentar (vt)	tervehtiä	[terʋehtiæ]
Oi!	Moi!	[moj]
saudação (f)	tervehdys	[terʋehdys]
saudar (vt)	tervehtiä	[terʋehtiæ]
Tudo bem?	Mitä kuuluu?	[mitæ ku:lu:]
E aí, novidades?	Mitä on uutta?	[mitæ on u:tta]
Tchau! Até logo!	Näkemiin!	[nækemi:n]
Até breve!	Pikaisiin näkemiin!	[pikɑjsi:n nækemi:n]
Adeus!	Hyvästi!	[hyʋæsti]
despedir-se (dizer adeus)	hyvästellä	[hyʋæstellæ]
Até mais!	Hei hei!	[hej hej]
Obrigado! -a!	Kiitos!	[ki:tos]
Muito obrigado! -a!	Paljon kiitoksia!	[pɑljon ki:toksiɑ]
De nada	Ole hyvä	[ole hyʋæ]
Não tem de quê	Ei kestä kiittää	[ej kestæ ki:ttæ:]
Não foi nada!	Ei kestä	[ej kestæ]
Desculpa! -pe!	Anteeksi!	[ante:ksi]
desculpar (vt)	antaa anteeksi	[antɑ ante:ksi]
desculpar-se (vr)	pyytää anteeksi	[py:tæ: ante:ksi]

Me desculpe	Pyydän anteeksi	[py:dæn ante:ksi]
Desculpe!	Anteeksi!	[ante:ksi]
perdoar (vt)	antaa anteeksi	[anta: ante:ksi]
por favor	ole hyvä	[ole hyʋæ]

Não se esqueça!	Älkää unohtako!	[ælkæ: unohtako]
Com certeza!	Tietysti!	[tietysti]
Claro que não!	Eipä tietenkään!	[ejpæ tieteŋkæ:n]
Está bem! De acordo!	Olen samaa mieltä!	[olen sama: mieltæ]
Chega!	Riittää!	[ri:ttæ:]

3. Números cardinais. Parte 1

zero	nolla	[nolla]
um	yksi	[yksi]
dois	kaksi	[kaksi]
três	kolme	[kolme]
quatro	neljä	[neljæ]

cinco	viisi	[ʋi:si]
seis	kuusi	[ku:si]
sete	seitsemän	[sejtsemæn]
oito	kahdeksan	[kahdeksan]
nove	yhdeksän	[yhdeksæn]

dez	kymmenen	[kymmenen]
onze	yksitoista	[yksi·tojsta]
doze	kaksitoista	[kaksi·tojsta]
treze	kolmetoista	[kolme·tojsta]
catorze	neljätoista	[neljæ·tojsta]

quinze	viisitoista	[ʋi:si·tojsta]
dezesseis	kuusitoista	[ku:si·tojsta]
dezessete	seitsemäntoista	[sejtsemæn·tojsta]
dezoito	kahdeksantoista	[kahdeksan·tojsta]
dezenove	yhdeksäntoista	[yhdeksæn·tojsta]

vinte	kaksikymmentä	[kaksi·kymmentæ]
vinte e um	kaksikymmentäyksi	[kaksi·kymmentæ·yksi]
vinte e dois	kaksikymmentäkaksi	[kaksi·kymmentæ·kaksi]
vinte e três	kaksikymmentäkolme	[kaksi·kymmentæ·kolme]

trinta	kolmekymmentä	[kolme·kymmentæ]
trinta e um	kolmekymmentäyksi	[kolme·kymmentæ·yksi]
trinta e dois	kolmekymmentäkaksi	[kolme·kymmentæ·kaksi]
trinta e três	kolmekymmentäkolme	[kolme·kymmentæ·kolme]

quarenta	neljäkymmentä	[neljæ·kymmentæ]
quarenta e um	neljäkymmentäyksi	[neljæ·kymmentæ·yksi]
quarenta e dois	neljäkymmentäkaksi	[neljæ·kymmentæ·kaksi]
quarenta e três	neljäkymmentäkolme	[neljæ·kymmentæ·kolme]

| cinquenta | viisikymmentä | [ʋi:si·kymmentæ] |
| cinquenta e um | viisikymmentäyksi | [ʋi:si·kymmentæ·yksi] |

| cinquenta e dois | viisikymmentäkaksi | [ʋiːsi·kymmentæ·kaksi] |
| cinquenta e três | viisikymmentäkolme | [ʋiːsi·kymmentæ·kolme] |

sessenta	kuusikymmentä	[kuːsi·kymmentæ]
sessenta e um	kuusikymmentäyksi	[kuːsi·kymmentæ·yksi]
sessenta e dois	kuusikymmentäkaksi	[kuːsi·kymmentæ·kaksi]
sessenta e três	kuusikymmentäkolme	[kuːsi·kymmentæ·kolme]

setenta	seitsemänkymmentä	[sejtsemæn·kymmentæ]
setenta e um	seitsemänkymmentäyksi	[sejtsemæn·kymmentæ·yksi]
setenta e dois	seitsemänkymmentäkaksi	[sejtsemæn·kymmentæ·kaksi]
setenta e três	seitsemänkymmentäkolme	[sejtsemæn·kymmentæ·kolme]

oitenta	kahdeksankymmentä	[kahdeksan·kymmentæ]
oitenta e um	kahdeksankymmentäyksi	[kahdeksan·kymmentæ·yksi]
oitenta e dois	kahdeksankymmentäkaksi	[kahdeksan·kymmentæ·kaksi]
oitenta e três	kahdeksankymmentäkolme	[kahdeksan·kymmentæ·kolme]

noventa	yhdeksänkymmentä	[yhdeksæn·kymmentæ]
noventa e um	yhdeksänkymmentäyksi	[yhdeksæn·kymmentæ·yksi]
noventa e dois	yhdeksänkymmentäkaksi	[yhdeksæn·kymmentæ·kaksi]
noventa e três	yhdeksänkymmentäkolme	[yhdeksæn·kymmentæ·kolme]

4. Números cardinais. Parte 2

cem	sata	[sata]
duzentos	kaksisataa	[kaksi·sataː]
trezentos	kolmesataa	[kolme·sataː]
quatrocentos	neljäsataa	[neljæ·sataː]
quinhentos	viisisataa	[ʋiːsi·sataː]
seiscentos	kuusisataa	[kuːsi·sataː]
setecentos	seitsemänsataa	[sejtsemæn·sataː]
oitocentos	kahdeksansataa	[kahdeksan·sataː]
novecentos	yhdeksänsataa	[yhdeksæn·sataː]

mil	tuhat	[tuhat]
dois mil	kaksituhatta	[kaksi·tuhatta]
três mil	kolmetuhatta	[kolme·tuhatta]
dez mil	kymmenentuhatta	[kymmenen·tuhatta]
cem mil	satatuhatta	[sata·tuhatta]
um milhão	miljoona	[miljoːna]
um bilhão	miljardi	[miljardi]

5. Números. Frações

| fração (f) | murtoluku | [murto·luku] |
| um meio | puolet | [puolet] |

14

| um terço | kolmasosa | [kolmasosa] |
| um quarto | neljäsosa | [neljæsosa] |

um oitavo	kahdeksasosa	[kahdeksasosa]
um décimo	kymmenesosa	[kymmenesosa]
dois terços	kaksi kolmasosaa	[kaksi kolmasosa:]
três quartos	kolme neljäsosaa	[kolme neljæsosa:]

6. Números. Operações básicas

subtração (f)	vähennyslasku	[uæɦennys·lasku]
subtrair (vi, vt)	vähentää	[uæɦentæ:]
divisão (f)	jako	[jako]
dividir (vt)	jakaa	[jaka:]

adição (f)	yhteenlasku	[yhte:n·lasku]
somar (vt)	laskea yhteen	[laskea yhte:n]
adicionar (vt)	lisätä	[lisætæ]
multiplicação (f)	kertolasku	[kerto·lasku]
multiplicar (vt)	kertoa	[kertoa]

7. Números. Diversos

algarismo, dígito (m)	numero	[numero]
número (m)	luku	[luku]
numeral (m)	lukusana	[luku·sana]
menos (m)	miinus	[mi:nus]
mais (m)	plusmerkki	[plus·merkki]
fórmula (f)	kaava	[ka:ua]

cálculo (m)	laskenta	[laskenta]
contar (vt)	laskea	[laskea]
calcular (vt)	laskea	[laskea]
comparar (vt)	verrata	[uerrata]

| Quanto? | Kuinka paljon? | [kujŋka paljon] |
| Quantos? -as? | Kuinka monta? | [kuiŋka monta] |

soma (f)	summa	[summa]
resultado (m)	tulos	[tulos]
resto (m)	jäännös	[jæ:nnøs]

alguns, algumas ...	muutama	[mu:tama]
pouco (~ tempo)	vähän	[uæɦæn]
poucos, poucas	vähän	[uæɦæn]
um pouco de ...	vähän	[uæɦæn]
resto (m)	loput	[loput]
um e meio	puolitoista	[puoli·tojsta]
dúzia (f)	tusina	[tusina]

| ao meio | kahtia | [kahtia] |
| em partes iguais | tasan | [tasan] |

| metade (f) | puoli | [puoli] |
| vez (f) | kerta | [kerta] |

8. Os verbos mais importantes. Parte 1

abrir (vt)	avata	[avata]
acabar, terminar (vt)	lopettaa	[lopetta:]
aconselhar (vt)	neuvoa	[neuvoa]
adivinhar (vt)	arvata	[arvata]
advertir (vt)	varoittaa	[varojtta:]

ajudar (vt)	auttaa	[autta:]
almoçar (vi)	syödä lounasta	[syødæ lounasta]
alugar (~ um apartamento)	vuokrata	[vuokrata]
amar (pessoa)	rakastaa	[rakasta:]
ameaçar (vt)	uhata	[uhata]

anotar (escrever)	kirjoittaa muistiin	[kirjoitta: mujsti:n]
apressar-se (vr)	pitää kiirettä	[pitæ: ki:rettæ]
arrepender-se (vr)	katua	[katua]
assinar (vt)	allekirjoittaa	[allekirjoitta:]
brincar (vi)	vitsailla	[vitsajlla]

brincar, jogar (vi, vt)	leikkiä	[lejkkiæ]
buscar (vt)	etsiä	[etsiæ]
caçar (vi)	metsästää	[metsæstæ:]
cair (vi)	kaatua	[ka:tua]
cavar (vt)	kaivaa	[kajva:]
chamar (~ por socorro)	kutsua	[kutsua]
chegar (vi)	saapua	[sa:pua]
chorar (vi)	itkeä	[itkeæ]
começar (vt)	alkaa	[alka:]
comparar (vt)	verrata	[verrata]
concordar (dizer "sim")	suostua	[suostua]

confiar (vt)	luottaa	[luotta:]
confundir (equivocar-se)	sekoittaa	[sekojtta:]
conhecer (vt)	tuntea	[tuntea]
contar (fazer contas)	laskea	[laskea]
contar com ...	luottaa	[luotta:]
continuar (vt)	jatkaa	[jatka:]

controlar (vt)	tarkastaa	[tarkasta:]
convidar (vt)	kutsua	[kutsua]
correr (vi)	juosta	[juosta]
criar (vt)	luoda	[luoda]
custar (vt)	maksaa	[maksa:]

9. Os verbos mais importantes. Parte 2

| dar (vt) | antaa | [anta:] |
| dar uma dica | vihjata | [vihjata] |

decorar (enfeitar)	koristaa	[korista:]
defender (vt)	puolustaa	[puolusta:]
deixar cair (vt)	pudottaa	[pudotta:]

descer (para baixo)	laskeutua	[laskeutua]
desculpar (vt)	antaa anteeksi	[anta: ante:ksi]
desculpar-se (vr)	pyytää anteeksi	[py:tæ: ante:ksi]
dirigir (~ uma empresa)	johtaa	[johta:]
discutir (notícias, etc.)	käsitellä	[kæsitellæ]

disparar, atirar (vi)	ampua	[ampua]
dizer (vt)	sanoa	[sanoa]
duvidar (vt)	epäillä	[epæjllæ]
encontrar (achar)	löytää	[løytæ:]
enganar (vt)	pettää	[pettæ:]

entender (vt)	ymmärtää	[ymmærtæ:]
entrar (na sala, etc.)	tulla sisään	[tulla sisæ:n]
enviar (uma carta)	lähettää	[læhettæ:]
errar (enganar-se)	erehtyä	[erehtyæ]
escolher (vt)	valita	[valita]

esconder (vt)	piilotella	[pi:lotella]
escrever (vt)	kirjoittaa	[kirjoitta:]
esperar (aguardar)	odottaa	[odotta:]
esperar (ter esperança)	toivoa	[tojuoa]
esquecer (vt)	unohtaa	[unohta:]
estudar (vt)	oppia	[oppia]
exigir (vt)	vaatia	[ua:tia]
existir (vi)	olla olemassa	[olla olemassa]
explicar (vt)	selittää	[selittæ:]

falar (vi)	keskustella	[keskustella]
faltar (a la escuela, etc.)	olla poissa	[olla pojssa]
fazer (vt)	tehdä	[tehdæ]
ficar em silêncio	olla vaiti	[olla uajti]
gabar-se (vr)	kerskua	[kerskua]

gostar (apreciar)	pitää	[pitæ:]
gritar (vi)	huutaa	[hu:ta:]
guardar (fotos, etc.)	pitää, säilyttää	[pitæ:], [sæjlyttæ:]
informar (vt)	tiedottaa	[tiedotta:]
insistir (vi)	vaatia	[ua:tia]

insultar (vt)	loukata	[loukata]
interessar-se (vr)	kiinnostua	[ki:nnostua]
ir (a pé)	mennä	[mennæ]
ir nadar	uida	[ujda]
jantar (vi)	illastaa	[illasta:]

10. Os verbos mais importantes. Parte 3

| ler (vt) | lukea | [lukea] |
| libertar, liberar (vt) | vapauttaa | [uapautta:] |

17

matar (vt)	murhata	[murhata]
mencionar (vt)	mainita	[majnita]
mostrar (vt)	näyttää	[næyttæ:]

mudar (modificar)	muuttaa	[mu:tta:]
nadar (vi)	uida	[ujda]
negar-se a ... (vr)	kieltäytyä	[kæltæytyæ]
objetar (vt)	vastustaa	[ʋastusta:]

observar (vt)	tarkkailla	[tarkkajlla]
ordenar (mil.)	käskeä	[kæskeæ]
ouvir (vt)	kuulla	[ku:lla]
pagar (vt)	maksaa	[maksa:]
parar (vi)	pysähtyä	[pysæhtyæ]

parar, cessar (vt)	lakata	[lakata]
participar (vi)	osallistua	[osallistua]
pedir (comida, etc.)	tilata	[tilata]
pedir (um favor, etc.)	pyytää	[py:tæ:]
pegar (tomar)	ottaa	[otta:]

pegar (uma bola)	ottaa kiinni	[otta: ki:nni]
pensar (vi, vt)	ajatella	[ajatella]
perceber (ver)	huomata	[huomata]
perdoar (vt)	antaa anteeksi	[anta: ante:ksi]
perguntar (vt)	kysyä	[kysyæ]

permitir (vt)	antaa lupa	[anta: lupa]
pertencer a ... (vi)	kuulua	[ku:lua]
planejar (vt)	suunnitella	[su:nnitella]
poder (~ fazer algo)	voida	[ʋojda]
possuir (uma casa, etc.)	omistaa	[omista:]

preferir (vt)	pitää enemmän	[pitæ: enemmæn]
preparar (vt)	laittaa	[lajtta:]
prever (vt)	odottaa	[odotta:]
prometer (vt)	luvata	[luʋata]
pronunciar (vt)	lausua	[lausua]

propor (vt)	ehdottaa	[ehdotta:]
punir (castigar)	rangaista	[raŋajsta]
quebrar (vt)	rikkoa	[rikkoa]
queixar-se de ...	valittaa	[ʋalitta:]
querer (desejar)	haluta	[haluta]

11. Os verbos mais importantes. Parte 4

ralhar, repreender (vt)	haukkua	[haukkua]
recomendar (vt)	suositella	[suositella]
repetir (dizer outra vez)	toistaa	[tojsta:]
reservar (~ um quarto)	varata	[ʋarata]
responder (vt)	vastata	[ʋastata]
rezar, orar (vi)	rukoilla	[rukojlla]
rir (vi)	nauraa	[naura:]

roubar (vt)	varastaa	[ʋarasta:]
saber (vt)	tietää	[tietæ:]
sair (~ de casa)	mennä, tulla ulos	[mennæ], [tulla ulos]

salvar (resgatar)	pelastaa	[pelasta:]
seguir (~ alguém)	seurata	[seurata]
sentar-se (vr)	istua, istuutua	[istua], [istu:tua]
ser necessário	tarvita	[tarʋita]

ser, estar	olla	[olla]
significar (vt)	tarkoittaa, merkitä	[tarkojtta:], [merkitæ]
sorrir (vi)	hymyillä	[hymyjllæ]
subestimar (vt)	aliarvioida	[aliarʋiojda]
surpreender-se (vr)	ihmetellä	[ihmetellæ]

tentar (~ fazer)	koettaa	[koetta:]
ter (vt)	omistaa	[omista:]
ter fome	minulla on nälkä	[minulla on nælkæ]

ter medo	pelätä	[pelætæ]
ter sede	minulla on jano	[minulla on jano]
tocar (com as mãos)	koskettaa	[kosketta:]
tomar café da manhã	syödä aamiaista	[syødæ a:miajsta]
trabalhar (vi)	työskennellä	[tyøskennellæ]
traduzir (vt)	kääntää	[kæ:ntæ:]

unir (vt)	yhdistää	[yhdistæ:]
vender (vt)	myydä	[my:dæ]
ver (vt)	nähdä	[næhdæ]
virar (~ para a direita)	kääntää	[kæ:ntæ:]
voar (vi)	lentää	[lentæ:]

12. Cores

cor (f)	väri	[ʋæri]
tom (m)	sävy, värisävy	[sæʋy], [ʋæri·sæʋy]
tonalidade (m)	värisävy	[ʋæri·sæʋy]
arco-íris (m)	sateenkaari	[sate:n·ka:ri]

branco (adj)	valkoinen	[ʋalkojnen]
preto (adj)	musta	[musta]
cinza (adj)	harmaa	[harma:]

verde (adj)	vihreä	[ʋihreæ]
amarelo (adj)	keltainen	[keltajnen]
vermelho (adj)	punainen	[punajnen]

azul (adj)	sininen	[sininen]
azul claro (adj)	vaaleansininen	[ʋa:lean·sininen]
rosa (adj)	vaaleanpunainen	[ʋa:lean·punajnen]
laranja (adj)	oranssi	[oranssi]
violeta (adj)	violetti	[ʋioletti]
marrom (adj)	ruskea	[ruskea]
dourado (adj)	kultainen	[kultajnen]

prateado (adj)	hopeinen	[hopejnen]
bege (adj)	beige	[bejge]
creme (adj)	kermanvärinen	[kerman·ʋærinen]
turquesa (adj)	turkoosi	[turko:si]
vermelho cereja (adj)	kirsikanpunainen	[kirsikan·punɑjnen]
lilás (adj)	sinipunainen	[sini·punɑjnen]
carmim (adj)	karmiininpunainen	[kɑrmi:nen·punɑjnen]

claro (adj)	vaalea	[ʋɑ:leɑ]
escuro (adj)	tumma	[tummɑ]
vivo (adj)	kirkas	[kirkɑs]

de cor	väri-	[ʋæri]
a cores	väri-	[ʋæri]
preto e branco (adj)	mustavalkoinen	[mustɑ·ʋɑlkojnen]
unicolor (de uma só cor)	yksivärinen	[yksi·ʋærinen]
multicolor (adj)	erivärinen	[eriʋærinen]

13. Questões

Quem?	Kuka?	[kukɑ]
O que?	Mikä?	[mikæ]
Onde?	Missä?	[missæ]
Para onde?	Mihin?	[miɦin]
De onde?	Mistä?	[mistæ]
Quando?	Milloin?	[millojn]
Para quê?	Mitä varten?	[mitæ ʋɑrten]
Por quê?	Miksi?	[miksi]

Para quê?	Minkä vuoksi?	[miŋkæ ʋuoksi]
Como?	Miten?	[miten]
Qual (~ é o problema?)	Millainen?	[millɑjnen]
Qual (~ deles?)	Mikä?	[mikæ]

A quem?	Kenelle?	[kenelle]
De quem?	Kenestä?	[kenestæ]
Do quê?	Mistä?	[mistæ]
Com quem?	Kenen kanssa?	[kenen kɑnssɑ]

Quantos? -as?	Kuinka monta?	[kuiŋkɑ montɑ]
Quanto?	Kuinka paljon?	[kujŋkɑ pɑljon]
De quem? (masc.)	Kenen?	[kenen]

14. Palavras funcionais. Advérbios. Parte 1

Onde?	Missä?	[missæ]
aqui	täällä	[tæ:llæ]
lá, ali	siellä	[siellæ]

em algum lugar	jossain	[jossɑjn]
em lugar nenhum	ei missään	[ej missæ:n]
perto de ...	luona	[luonɑ]

perto da janela	ikkunan vieressä	[ikkunan vǽressæ]
Para onde?	Mihin?	[miɦin]
aqui	tänne	[tænne]
para lá	tuonne	[tuonne]
daqui	täältä	[tæːltæ]
de lá, dali	sieltä	[sieltæ]

| perto | lähellä | [læɦellæ] |
| longe | kaukana | [kaukana] |

perto de ...	luona	[luona]
à mão, perto	vieressä	[vieressæ]
não fica longe	lähelle	[læɦelle]

esquerdo (adj)	vasen	[vasen]
à esquerda	vasemmalla	[vasemmalla]
para a esquerda	vasemmalle	[vasemmalle]

direito (adj)	oikea	[ojkea]
à direita	oikealla	[ojkealla]
para a direita	oikealle	[ojkealle]

em frente	edessä	[edessæ]
da frente	etumainen	[etumajnen]
adiante (para a frente)	eteenpäin	[eteːnpæjn]

atrás de ...	takana	[takana]
de trás	takaa	[takaː]
para trás	takaisin	[takajsin]

| meio (m), metade (f) | keskikohta | [keski·kohta] |
| no meio | keskellä | [keskellæ] |

do lado	sivulta	[sivulta]
em todo lugar	kaikkialla	[kajkkialla]
por todos os lados	ympärillä	[ympærillæ]

de dentro	sisäpuolelta	[sisæ·puolelta]
para algum lugar	jonnekin	[jonnekin]
diretamente	suoraan	[suoraːn]
de volta	takaisin	[takajsin]

| de algum lugar | jostakin | [jostakin] |
| de algum lugar | jostakin | [jostakin] |

em primeiro lugar	ensiksi	[ensiksi]
em segundo lugar	toiseksi	[tojseksi]
em terceiro lugar	kolmanneksi	[kolmanneksi]

de repente	äkkiä	[ækkiæ]
no início	alussa	[alussa]
pela primeira vez	ensi kerran	[ensi kerran]
muito antes de ...	kauan ennen kuin	[kauan ennen kuin]
de novo	uudestaan	[uːdestaːn]
para sempre	pysyvästi	[pysyvæsti]
nunca	ei koskaan	[ej koskaːn]

de novo	taas	[tɑ:s]
agora	nyt	[nyt]
frequentemente	usein	[usejn]
então	silloin	[sillojn]
urgentemente	kiireellisesti	[ki:re:llisesti]
normalmente	tavallisesti	[tɑʋɑllisesti]

a propósito, ...	muuten	[mu:ten]
é possível	ehkä	[ehkæ]
provavelmente	todennäköisesti	[toden·nækøjsesti]
talvez	ehkä	[ehkæ]
além disso, ...	sitä paitsi, ...	[sitæ pɑjtsi]
por isso ...	siksi	[siksi]
apesar de ...	huolimatta	[huolimɑttɑ]
graças a ...	avulla	[ɑʋullɑ]

que (pron.)	mikä	[mikæ]
que (conj.)	että	[ettæ]
algo	jokin	[jokin]
alguma coisa	jotakin	[jotɑkin]
nada	ei mitään	[ej mitæ:n]

quem	kuka	[kukɑ]
alguém (~ que ...)	joku	[joku]
alguém (com ~)	joku	[joku]

ninguém	ei kukaan	[ej kukɑ:n]
para lugar nenhum	ei mihinkään	[ej miḥiŋkæ:n]
de ninguém	ei kenenkään	[ej keneŋkæ:n]
de alguém	jonkun	[joŋkun]

tão	niin	[ni:n]
também (gostaria ~ de ...)	myös	[myøs]
também (~ eu)	myös	[myøs]

15. Palavras funcionais. Advérbios. Parte 2

Por quê?	Miksi?	[miksi]
por alguma razão	jostain syystä	[jostɑjn sy:stæ]
porque ...	koska	[koskɑ]
por qualquer razão	jonkin vuoksi	[joŋkin ʋuoksi]

e (tu ~ eu)	ja	[jɑ]
ou (ser ~ não ser)	tai	[tɑj]
mas (porém)	mutta	[muttɑ]
para (~ a minha mãe)	varten	[ʋɑrten]

muito, demais	liian	[li:ɑn]
só, somente	vain	[ʋɑjn]
exatamente	tarkasti	[tɑrkɑsti]
cerca de (~ 10 kg)	noin	[nojn]

aproximadamente	likimäärin	[likimæ:rin]
aproximado (adj)	likimääräinen	[likimæ:ræjnen]

22

| quase | melkein | [melkejn] |
| resto (m) | loput | [loput] |

cada (adj)	joka	[joka]
qualquer (adj)	jokainen	[jokajnen]
muito, muitos, muitas	paljon	[paljon]
muitas pessoas	monet	[monet]
todos	kaikki	[kajkki]

em troca de ...	sen vastineeksi	[sen ʋɑstine:ksi]
em troca	sijaan	[sijɑ:n]
à mão	käsin	[kæsin]
pouco provável	tuskin	[tuskin]

provavelmente	varmaan	[ʋɑrmɑ:n]
de propósito	tahallaan	[tɑɦɑllɑ:n]
por acidente	sattumalta	[sɑttumɑltɑ]

muito	erittäin	[erittæjn]
por exemplo	esimerkiksi	[esimerkiksi]
entre	välillä	[ʋælillæ]
entre (no meio de)	keskuudessa	[kesku:dessɑ]
tanto	niin monta, niin paljon	[ni:n montɑ], [ni:n pɑljon]
especialmente	erikoisesti	[erikojsesti]

Conceitos básicos. Parte 2

16. Opostos

rico (adj)	rikas	[rikɑs]
pobre (adj)	köyhä	[køyɦæ]
doente (adj)	sairas	[sɑjrɑs]
bem (adj)	terve	[terʋe]
grande (adj)	iso	[iso]
pequeno (adj)	pieni	[pæni]
rapidamente	nopeasti	[nopeɑsti]
lentamente	hitaasti	[hitɑ:sti]
rápido (adj)	nopea	[nopeɑ]
lento (adj)	hidas	[hidɑs]
alegre (adj)	iloinen	[ilojnen]
triste (adj)	surullinen	[surullinen]
juntos (ir ~)	yhdessä	[yhdessæ]
separadamente	erikseen	[erikse:n]
em voz alta (ler ~)	ääneen	[æ:ne:n]
para si (em silêncio)	itsekseen	[itsekse:n]
alto (adj)	korkea	[korkeɑ]
baixo (adj)	matala	[mɑtɑlɑ]
profundo (adj)	syvä	[syʋæ]
raso (adj)	matala	[mɑtɑlɑ]
sim	kyllä	[kyllæ]
não	ei	[ej]
distante (adj)	kaukainen	[kɑukɑjnen]
próximo (adj)	läheinen	[læɦejnen]
longe	kaukana	[kɑukɑnɑ]
à mão, perto	vieressä	[ʋieressæ]
longo (adj)	pitkä	[pitkæ]
curto (adj)	lyhyt	[lyɦyt]
bom (bondoso)	hyvä	[hyʋæ]
mal (adj)	vihainen	[ʋiɦɑjnen]
casado (adj)	naimisissa	[nɑjmisissɑ]

solteiro (adj)	naimaton	[najmaton]
proibir (vt)	kieltää	[kjeltæ:]
permitir (vt)	antaa lupa	[anta: lupa]
fim (m)	loppu	[loppu]
início (m)	alku	[alku]
esquerdo (adj)	vasen	[vasen]
direito (adj)	oikea	[ojkea]
primeiro (adj)	ensimmäinen	[ensimmæjnen]
último (adj)	viimeinen	[vi:mejnen]
crime (m)	rikos	[rikos]
castigo (m)	rangaistus	[raŋajstus]
ordenar (vt)	käskeä	[kæskeæ]
obedecer (vt)	alistua	[alistua]
reto (adj)	suora	[suora]
curvo (adj)	käyrä	[kæyræ]
paraíso (m)	paratiisi	[parati:si]
inferno (m)	helvetti	[helvetti]
nascer (vi)	syntyä	[syntyæ]
morrer (vi)	kuolla	[kuolla]
forte (adj)	voimakas	[vojmakas]
fraco, débil (adj)	heikko	[hejkko]
velho, idoso (adj)	vanha	[vanha]
jovem (adj)	nuori	[nuori]
velho (adj)	vanha	[vanha]
novo (adj)	uusi	[u:si]
duro (adj)	kova	[kova]
macio (adj)	pehmeä	[pehmeæ]
quente (adj)	lämmin	[læmmin]
frio (adj)	kylmä	[kylmæ]
gordo (adj)	lihava	[lihava]
magro (adj)	laiha	[lajha]
estreito (adj)	kapea	[kapeæ]
largo (adj)	leveä	[leveæ]
bom (adj)	hyvä	[hyvæ]
mau (adj)	huono	[huono]
valente, corajoso (adj)	rohkea	[rohkea]
covarde (adj)	pelkurimainen	[pelkurimajnen]

17. Dias da semana

segunda-feira (f)	maanantai	[mɑ:nɑntɑj]
terça-feira (f)	tiistai	[ti:stɑj]
quarta-feira (f)	keskiviikko	[keskiʋi:kko]
quinta-feira (f)	torstai	[torstɑj]
sexta-feira (f)	perjantai	[perjɑntɑj]
sábado (m)	lauantai	[lɑuɑntɑj]
domingo (m)	sunnuntai	[sunnuntɑj]
hoje	tänään	[tænæ:n]
amanhã	huomenna	[huomennɑ]
depois de amanhã	ylihuomenna	[ylihuomennɑ]
ontem	eilen	[ejlen]
anteontem	toissa päivänä	[tojssɑ pæjʋænæ]
dia (m)	päivä	[pæjʋæ]
dia (m) de trabalho	työpäivä	[tyø·pæjʋæ]
feriado (m)	juhlapäivä	[juhlɑ·pæjʋæ]
dia (m) de folga	vapaapäivä	[ʋɑpɑ:pæjʋæ]
fim (m) de semana	viikonloppu	[ʋi:kon·loppu]
o dia todo	koko päivän	[koko pæjʋæn]
no dia seguinte	ensi päivänä	[ensi pæjʋænæ]
há dois dias	kaksi päivää sitten	[kɑksi pæjʋæ: sitten]
na véspera	aattona	[ɑ:ttonɑ]
diário (adj)	päivittäinen	[pæjʋittæjnen]
todos os dias	joka päivä	[jokɑ pæjʋæ]
semana (f)	viikko	[ʋi:kko]
na semana passada	viime viikolla	[ʋi:me ʋi:kollɑ]
semana que vem	ensi viikolla	[ensi ʋi:kollɑ]
semanal (adj)	viikoittainen	[ʋi:kojttɑjnen]
toda semana	joka viikko	[jokɑ ʋi:kko]
duas vezes por semana	kaksi kertaa viikossa	[kɑksi kertɑ: ʋi:kossɑ]
toda terça-feira	joka tiistai	[jokɑ ti:stɑj]

18. Horas. Dia e noite

manhã (f)	aamu	[ɑ:mu]
de manhã	aamulla	[ɑ:mullɑ]
meio-dia (m)	puolipäivä	[puoli·pæjʋæ]
à tarde	iltapäivällä	[iltɑ·pæjʋællæ]
tardinha (f)	ilta	[iltɑ]
à tardinha	illalla	[illɑllɑ]
noite (f)	yö	[yø]
à noite	yöllä	[yøllæ]
meia-noite (f)	puoliyö	[puoli·yø]
segundo (m)	sekunti	[sekunti]
minuto (m)	minuutti	[minu:tti]
hora (f)	tunti	[tunti]

meia hora (f)	puoli tuntia	[puoli tuntia]
quarto (m) de hora	vartti	[ʋartti]
quinze minutos	viisitoista minuuttia	[ʋi:si·tojsta minu:ttia]
vinte e quatro horas	vuorokausi	[ʋuoro·kausi]

nascer (m) do sol	auringonnousu	[auriŋon·nousu]
amanhecer (m)	sarastus	[sarastus]
madrugada (f)	varhainen aamu	[ʋarhajnen a:mu]
pôr-do-sol (m)	auringonlasku	[auriŋon·lasku]

de madrugada	aamulla aikaisin	[a:mulla ajkajsin]
esta manhã	tänä aamuna	[tænæ a:muna]
amanhã de manhã	ensi aamuna	[ensi a:muna]

esta tarde	tänä päivänä	[tænæ pæjuænæ]
à tarde	iltapäivällä	[ilta·pæjuællæ]
amanhã à tarde	huomisiltapäivällä	[huomis·ilta·pæjuællæ]

| esta noite, hoje à noite | tänä iltana | [tænæ iltana] |
| amanhã à noite | ensi iltana | [ensi iltana] |

às três horas em ponto	tasan kolmelta	[tasan kolmelta]
por volta das quatro	noin neljältä	[nojn neljæltæ]
às doze	kahdentoista mennessä	[kahdentojsta menessæ]

em vinte minutos	kahdenkymmenen minuutin kuluttua	[kahdeŋkymmenen minu:tin kuluttua]
em uma hora	tunnin kuluttua	[tunnin kuluttua]
a tempo	ajoissa	[ajoissa]

... um quarto para	varttia vaille	[ʋarttia ʋajlle]
dentro de uma hora	tunnin kuluessa	[tunnin kuluessa]
a cada quinze minutos	viidentoista minuutin välein	[ʋi:den·tojsta minu:tin ʋælejn]
as vinte e quatro horas	ympäri vuorokauden	[ympæri ʋuoro kauden]

19. Meses. Estações

janeiro (m)	tammikuu	[tammiku:]
fevereiro (m)	helmikuu	[helmiku:]
março (m)	maaliskuu	[ma:lisku:]
abril (m)	huhtikuu	[huhtiku:]
maio (m)	toukokuu	[toukoku:]
junho (m)	kesäkuu	[kesæku:]

julho (m)	heinäkuu	[hejnæku:]
agosto (m)	elokuu	[eloku:]
setembro (m)	syyskuu	[sy:sku:]
outubro (m)	lokakuu	[lokaku:]
novembro (m)	marraskuu	[marrasku:]
dezembro (m)	joulukuu	[jouluku:]

| primavera (f) | kevät | [keʋæt] |
| na primavera | keväällä | [keʋæ:llæ] |

primaveril (adj)	keväinen	[keʋæjnen]
verão (m)	kesä	[kesæ]
no verão	kesällä	[kesællæ]
de verão	kesäinen	[kesæjnen]

outono (m)	syksy	[syksy]
no outono	syksyllä	[syksyllæ]
outonal (adj)	syksyinen	[syksyjnen]

inverno (m)	talvi	[talʋi]
no inverno	talvella	[talʋella]
de inverno	talvinen	[talʋinen]

mês (m)	kuukausi	[ku:kausi]
este mês	tässä kuussa	[tæssæ ku:ssa]
mês que vem	ensi kuussa	[ensi ku:ssa]
no mês passado	viime kuussa	[ʋi:me ku:ssa]

um mês atrás	kuukausi sitten	[ku:kausi sitten]
em um mês	kuukauden kuluttua	[ku:kauden kuluttua]
em dois meses	kahden kuukauden kuluttua	[kahden ku:kauden kuluttua]
todo o mês	koko kuukauden	[koko ku:kauden]
um mês inteiro	koko kuukauden	[koko ku:kauden]

mensal (adj)	kuukautinen	[ku:kautinen]
mensalmente	kuukausittain	[ku:kausittajn]
todo mês	joka kuukausi	[joka ku:kausi]
duas vezes por mês	kaksi kertaa kuukaudessa	[kaksi kerta: ku:kaudessa]

ano (m)	vuosi	[ʋuosi]
este ano	tänä vuonna	[tænæ ʋuonna]
ano que vem	ensi vuonna	[ensi ʋuonna]
no ano passado	viime vuonna	[ʋi:me ʋuonna]

há um ano	vuosi sitten	[ʋuosi sitten]
em um ano	vuoden kuluttua	[ʋuoden kuluttua]
dentro de dois anos	kahden vuoden kuluttua	[kahden ʋuoden kuluttua]
todo o ano	koko vuoden	[koko ʋuoden]
um ano inteiro	koko vuoden	[koko ʋuoden]

cada ano	joka vuosi	[joka ʋuosi]
anual (adj)	vuosittainen	[ʋuosittajnen]

anualmente	vuosittain	[ʋuosittajn]
quatro vezes por ano	neljä kertaa vuodessa	[neljæ kerta: ʋuodessa]

data (~ de hoje)	päivämäärä	[pæjʋæ·mæ:ræ]
data (ex. ~ de nascimento)	päivämäärä	[pæjʋæ·mæ:ræ]
calendário (m)	kalenteri	[kalenteri]

meio ano	puoli vuotta	[puoli ʋuotta]
seis meses	vuosipuolisko	[ʋuosi·puolisko]
estação (f)	vuodenaika	[ʋuoden·ajka]
século (m)	vuosisata	[ʋuosi·sata]

20. Tempo. Diversos

tempo (m)	aika	[ɑjkɑ]
momento (m)	tuokio	[tuokio]
instante (m)	hetki	[hetki]
instantâneo (adj)	hetkellinen	[hetkellinen]
lapso (m) de tempo	aikaväli	[ɑjkɑ·ʋæli]
vida (f)	elämä	[elæmæ]
eternidade (f)	ikuisuus	[ikujsu:s]

época (f)	epookki, aikakausi	[epo:kki], [ɑjkɑ·kɑusi]
era (f)	ajanjakso	[ɑjɑn·jɑkso]
ciclo (m)	jakso	[jɑkso]
período (m)	vaihe	[ʋɑjhe]
prazo (m)	määräaika	[mæ:ræ·ɑjkɑ]

futuro (m)	tulevaisuus	[tuleʋɑjsu:s]
futuro (adj)	ensi	[ensi]
da próxima vez	ensi kerralla	[ensi kerrɑllɑ]
passado (m)	menneisyys	[mennejsy:s]
passado (adj)	viime	[ʋi:me]
na última vez	viimeksi	[ʋi:meksi]

mais tarde	myöhemmin	[myøhemmin]
depois de ...	jälkeenpäin	[jælke:npæjn]
atualmente	nykyään	[nykyæ:n]
agora	nyt	[nyt]
imediatamente	heti	[heti]
em breve	kohta	[kohtɑ]
de antemão	ennakolta	[ennɑkoltɑ]

há muito tempo	kauan sitten	[kɑuɑn sitten]
recentemente	äskettäin	[æskettæjn]
destino (m)	kohtalo	[kohtɑlo]
recordações (f pl)	muisto	[mujsto]
arquivo (m)	arkisto	[ɑrkisto]

durante ...	aikana	[ɑjkɑnɑ]
durante muito tempo	kauan	[kɑuɑn]
pouco tempo	vähän aikaa	[ʋæɦæn ɑjkɑ:]
cedo (levantar-se ~)	varhain	[ʋɑrhɑjn]
tarde (deitar-se ~)	myöhään	[myøhæ:n]

para sempre	ainiaaksi	[ɑjniɑ:ksi]
começar (vt)	aloittaa	[ɑlojttɑ:]
adiar (vt)	siirtää	[si:rtæ:]

ao mesmo tempo	samanaikaisesti	[sɑmɑn·ɑjkɑjsesti]
permanentemente	alituisesti	[ɑlitujsesti]
constante (~ ruído, etc.)	jatkuva	[jɑtkuʋɑ]
temporário (adj)	väliaikainen	[ʋæli·ɑjkɑjnen]

às vezes	joskus	[joskus]
raras vezes, raramente	harvoin	[hɑrʋojn]
frequentemente	usein	[usejn]

21. Linhas e formas

quadrado (m)	neliö	[neliø]
quadrado (adj)	neliö-, neliömäinen	[neliø], [neliømæjnen]
círculo (m)	ympyrä	[ympyræ]
redondo (adj)	pyöreä	[pyøreæ]
triângulo (m)	kolmio	[kolmio]
triangular (adj)	kolmikulmainen	[kolmi·kulmɑjnen]
oval (f)	ovaali, soikio	[ovɑ:li], [sojkio]
oval (adj)	soikea	[sojkeɑ]
retângulo (m)	suorakulmio	[suorɑ·kulmio]
retangular (adj)	suorakulmainen	[suorɑkulmɑjnen]
pirâmide (f)	pyramidi	[pyrɑmidi]
losango (m)	vinoneliö	[vino·neliø]
trapézio (m)	trapetsi	[trɑpetsi]
cubo (m)	kuutio	[ku:tio]
prisma (m)	prisma	[prismɑ]
circunferência (f)	kehä	[kehæ]
esfera (f)	pallo	[pɑllo]
globo (m)	pallo	[pɑllo]
diâmetro (m)	halkaisija	[hɑlkɑjsijɑ]
raio (m)	säde	[sæde]
perímetro (m)	ympärysmitta	[ympærys·mittæ]
centro (m)	keskus	[keskus]
horizontal (adj)	vaakasuora	[vɑ:kɑ·suorɑ]
vertical (adj)	pystysuora	[pysty·suorɑ]
paralela (f)	suuntainen suora	[su:ntɑjnen suorɑ]
paralelo (adj)	yhdensuuntainen	[yhden·su:ntɑjnen]
linha (f)	viiva	[vi:vɑ]
traço (m)	viiva, veto	[vi:vɑ], [veto]
reta (f)	suora	[suorɑ]
curva (f)	käyrä	[kæyræ]
fino (linha ~a)	ohut	[oɦut]
contorno (m)	ääriviivat	[æ:ri·vi:vɑt]
interseção (f)	leikkauskohta	[lejkkɑus·kohtɑ]
ângulo (m) reto	suora kulma	[suorɑ kulmɑ]
segmento (m)	segmentti	[segmentti]
setor (m)	sektori	[sektori]
lado (de um triângulo, etc.)	sivu	[sivu]
ângulo (m)	kulma	[kulmɑ]

22. Unidades de medida

peso (m)	paino	[pɑjno]
comprimento (m)	pituus	[pitu:s]
largura (f)	leveys	[leveys]
altura (f)	korkeus	[korkeus]

profundidade (f)	syvyys	[syʋy:s]
volume (m)	tilavuus	[tilaʋu:s]
área (f)	pinta-ala	[pinta·ala]

grama (m)	gramma	[gramma]
miligrama (m)	milligramma	[milligramma]
quilograma (m)	kilo	[kilo]
tonelada (f)	tonni	[tonni]
libra (453,6 gramas)	pauna, naula	[pauna], [naula]
onça (f)	unssi	[unssi]

metro (m)	metri	[metri]
milímetro (m)	millimetri	[millimetri]
centímetro (m)	senttimetri	[senttimetri]
quilômetro (m)	kilometri	[kilometri]
milha (f)	peninkulma	[penin·kulma]

polegada (f)	tuuma	[tu:ma]
pé (304,74 mm)	jalka	[jalka]
jarda (914,383 mm)	jaardi	[ja:rdi]

| metro (m) quadrado | neliömetri | [neliø·metri] |
| hectare (m) | hehtaari | [hehta:ri] |

litro (m)	litra	[litra]
grau (m)	aste	[aste]
volt (m)	voltti	[ʋoltti]
ampère (m)	ampeeri	[ampe:ri]
cavalo (m) de potência	hevosvoima	[heʋos·ʋojma]

quantidade (f)	määrä	[mæ:ræ]
um pouco de …	vähän	[ʋæɦæn]
metade (f)	puoli	[puoli]
dúzia (f)	tusina	[tusina]
peça (f)	kappale	[kappale]

| tamanho (m), dimensão (f) | koko | [koko] |
| escala (f) | mittakaava | [mitta·ka:ʋa] |

mínimo (adj)	minimaalinen	[minima:linen]
menor, mais pequeno	pienin	[pienin]
médio (adj)	keskikokoinen	[keskikokojnen]
máximo (adj)	maksimaalinen	[maksima:linen]
maior, mais grande	suurin	[su:rin]

23. Recipientes

pote (m) de vidro	lasitölkki	[lasi·tølkki]
lata (~ de cerveja)	purkki	[purkki]
balde (m)	sanko	[saŋko]
barril (m)	tynnyri	[tynnyri]

| bacia (~ de plástico) | pesuvati | [pesu·ʋati] |
| tanque (m) | säiliö | [sæjliø] |

cantil (m) de bolso	kenttäpullo	[kenttæ·pullo]
galão (m) de gasolina	jerrykannu	[jerry·kannu]
cisterna (f)	säiliö	[sæjliø]
caneca (f)	muki	[muki]
xícara (f)	kuppi	[kuppi]
pires (m)	teevati	[te:vati]
copo (m)	juomalasi	[juoma·lasi]
taça (f) de vinho	viinilasi	[ʋi:ni·lasi]
panela (f)	kasari, kattila	[kasari], [kattila]
garrafa (f)	pullo	[pullo]
gargalo (m)	pullonkaula	[pulloŋ·kaula]
jarra (f)	karahvi	[karahʋi]
jarro (m)	kannu	[kannu]
recipiente (m)	astia	[astia]
pote (m)	ruukku	[ru:kku]
vaso (m)	vaasi, maljakko	[ʋa:si], [maljakko]
frasco (~ de perfume)	pullo	[pullo]
frasquinho (m)	pieni pullo	[pjeni pullo]
tubo (m)	tuubi	[tu:bi]
saco (ex. ~ de açúcar)	säkki	[sækki]
sacola (~ plastica)	säkki, pussi	[sækki], [pussi]
maço (de cigarros, etc.)	aski	[aski]
caixa (~ de sapatos, etc.)	laatikko	[la:tikko]
caixote (~ de madeira)	laatikko	[la:tikko]
cesto (m)	kori	[kori]

24. Materiais

material (m)	aine	[ajne]
madeira (f)	puu	[pu:]
de madeira	puinen	[pujnen]
vidro (m)	lasi	[lasi]
de vidro	lasi-, lasinen	[lasi], [lasinen]
pedra (f)	kivi	[kiʋi]
de pedra	kivi-, kivinen	[kiʋi], [kiʋinen]
plástico (m)	muovi	[muoʋi]
plástico (adj)	muovi-, muovinen	[muoʋi], [muoʋinen]
borracha (f)	kumi	[kumi]
de borracha	kumi-, kuminen	[kumi], [kuminen]
tecido, pano (m)	kangas	[kaŋas]
de tecido	kankaasta	[kaŋka:sta]
papel (m)	paperi	[paperi]
de papel	paperi-, paperinen	[paperi], [paperinen]

| papelão (m) | pahvi, kartonki | [pɑhʋi], [kɑrtoŋki] |
| de papelão | pahvi- | [pɑhʋi] |

polietileno (m)	polyetyleeni	[polyetyle:ni]
celofane (m)	sellofaani	[sellofɑ:ni]
linóleo (m)	linoleumi	[linoleumi]
madeira (f) compensada	vaneri	[ʋɑneri]

porcelana (f)	posliini	[posli:ni]
de porcelana	posliininen	[posli:ninen]
argila (f), barro (m)	savi	[sɑʋi]
de barro	savi-	[sɑʋi]
cerâmica (f)	keramiikka	[kerɑmi:kkɑ]
de cerâmica	keraaminen	[kerɑ:minen]

25. Metais

metal (m)	metalli	[metɑlli]
metálico (adj)	metallinen	[metɑllinen]
liga (f)	seos	[seos]

ouro (m)	kulta	[kultɑ]
de ouro	kultainen	[kultɑjnen]
prata (f)	hopea	[hopeɑ]
de prata	hopeinen	[hopejnen]

ferro (m)	rauta	[rɑutɑ]
de ferro	rauta-, rautainen	[rɑutɑ], [rɑutɑjnen]
aço (m)	teräs	[teræs]
de aço (adj)	teräs-, teräksinen	[teræs], [teræksinen]
cobre (m)	kupari	[kupɑri]
de cobre	kupari-, kuparinen	[kupɑri-], [kupɑrinen]

alumínio (m)	alumiini	[ɑlumi:ni]
de alumínio	alumiini-	[ɑlumi:ni]
bronze (m)	pronssi	[pronssi]
de bronze	pronssi-, pronssinen	[pronssi], [pronssinen]

latão (m)	messinki	[messiŋki]
níquel (m)	nikkeli	[nikkeli]
platina (f)	platina	[plɑtinɑ]
mercúrio (m)	elohopea	[elo·hopeɑ]
estanho (m)	tina	[tinɑ]
chumbo (m)	lyijy	[lyjy]
zinco (m)	sinkki	[siŋkki]

O SER HUMANO

O ser humano. O corpo

26. Humanos. Conceitos básicos

ser (m) humano	ihminen	[ihminen]
homem (m)	mies	[mies]
mulher (f)	nainen	[nɑjnen]
criança (f)	lapsi	[lɑpsi]
menina (f)	tyttö	[tyttø]
menino (m)	poika	[pojkɑ]
adolescente (m)	teini-ikäinen	[tejni·ikæjnen]
velho (m)	vanhus	[ʋɑnhus]
velha (f)	eukko	[eukko]

27. Anatomia humana

organismo (m)	elimistö	[elimistø]
coração (m)	sydän	[sydæn]
sangue (m)	veri	[ʋeri]
artéria (f)	valtimo	[ʋɑltimo]
veia (f)	laskimo	[lɑskimo]
cérebro (m)	aivot	[ɑjuot]
nervo (m)	hermo	[hermo]
nervos (m pl)	hermot	[hermot]
vértebra (f)	nikama	[nikɑmɑ]
coluna (f) vertebral	selkäranka	[selkæ·rɑŋkɑ]
estômago (m)	mahalaukku	[mɑɦɑ·lɑukku]
intestinos (m pl)	suolisto	[suolisto]
intestino (m)	suoli	[suoli]
fígado (m)	maksa	[mɑksɑ]
rim (m)	munuainen	[munuɑjnen]
osso (m)	luu	[lu:]
esqueleto (m)	luuranko	[lu:rɑŋko]
costela (f)	kylkiluu	[kylki·lu:]
crânio (m)	pääkallo	[pæ:kɑllo]
músculo (m)	lihas	[liɦɑs]
bíceps (m)	hauis	[hɑujs]
tríceps (m)	ojentaja	[ojentɑjɑ]
tendão (m)	jänne	[jænne]
articulação (f)	nivel	[niʋel]

pulmões (m pl)	keuhkot	[keuhkot]
órgãos (m pl) genitais	sukupuolielimet	[sukupuoli·elimet]
pele (f)	iho	[iho]

28. Cabeça

cabeça (f)	pää	[pæ:]
rosto, cara (f)	kasvot	[kasʋot]
nariz (m)	nenä	[nenæ]
boca (f)	suu	[su:]

olho (m)	silmä	[silmæ]
olhos (m pl)	silmät	[silmæt]
pupila (f)	silmäterä	[silmæ·teræ]
sobrancelha (f)	kulmakarva	[kulma·karʋa]
cílio (f)	ripsi	[ripsi]
pálpebra (f)	silmäluomi	[silmæ·luomi]

língua (f)	kieli	[kieli]
dente (m)	hammas	[hammas]
lábios (m pl)	huulet	[hu:let]
maçãs (f pl) do rosto	poskipäät	[poski·pæ:t]
gengiva (f)	ien	[ien]
palato (m)	kitalaki	[kitalaki]

narinas (f pl)	sieraimet	[sierajmet]
queixo (m)	leuka	[leuka]
mandíbula (f)	leukaluu	[leuka·lu:]
bochecha (f)	poski	[poski]

testa (f)	otsa	[otsa]
têmpora (f)	ohimo	[ohimo]
orelha (f)	korva	[korʋa]
costas (f pl) da cabeça	niska	[niska]
pescoço (m)	kaula	[kaula]
garganta (f)	kurkku	[kurkku]

cabelo (m)	hiukset	[hiukset]
penteado (m)	kampaus	[kampaus]
corte (m) de cabelo	kampaus	[kampaus]
peruca (f)	tekotukka	[teko·tukka]

bigode (m)	viikset	[ʋi:kset]
barba (f)	parta	[parta]
ter (~ barba, etc.)	pitää	[pitæ:]
trança (f)	letti	[letti]
suíças (f pl)	poskiparta	[poski·parta]

ruivo (adj)	punatukkainen	[puna·tukkajnen]
grisalho (adj)	harmaa	[harma:]
careca (adj)	kalju	[kalju]
calva (f)	kaljuus	[kalju:s]
rabo-de-cavalo (m)	poninhäntä	[ponin·hæntæ]
franja (f)	otsatukka	[otsa·tukka]

29. Corpo humano

mão (f)	käsi	[kæsi]
braço (m)	käsivarsi	[kæsi·ʋɑrssi]
dedo (m)	sormi	[sormi]
dedo (m) do pé	varvas	[ʋɑrʋɑs]
polegar (m)	peukalo	[peukɑlo]
dedo (m) mindinho	pikkusormi	[pikku·sormi]
unha (f)	kynsi	[kynsi]
punho (m)	nyrkki	[nyrkki]
palma (f)	kämmen	[kæmmen]
pulso (m)	ranne	[ranne]
antebraço (m)	kyynärvarsi	[ky:nær·ʋɑrsi]
cotovelo (m)	kyynärpää	[ky:nær·pæ:]
ombro (m)	hartia	[hɑrtiɑ]
perna (f)	jalka	[jɑlkɑ]
pé (m)	jalkaterä	[jɑlkɑ·teræ]
joelho (m)	polvi	[polʋi]
panturrilha (f)	pohje	[pohje]
quadril (m)	reisi	[rejsi]
calcanhar (m)	kantapää	[kɑntɑpæ:]
corpo (m)	vartalo	[ʋɑrtɑlo]
barriga (f), ventre (m)	maha	[mɑɦɑ]
peito (m)	rinta	[rintɑ]
seio (m)	rinnat	[rinnɑt]
lado (m)	kylki	[kylki]
costas (dorso)	selkä	[selkæ]
região (f) lombar	ristiselkä	[risti·selkæ]
cintura (f)	vyötärö	[ʋyøtærø]
umbigo (m)	napa	[nɑpɑ]
nádegas (f pl)	pakarat	[pɑkɑrɑt]
traseiro (m)	takapuoli	[tɑkɑ·puoli]
sinal (m), pinta (f)	luomi	[luomi]
sinal (m) de nascença	syntymämerkki	[syntymæ·merkki]
tatuagem (f)	tatuointi	[tɑtuojnti]
cicatriz (f)	arpi	[ɑrpi]

Vestuário & Acessórios

30. Roupa exterior. Casacos

roupa (f)	vaatteet	[ʋɑːtteːt]
roupa (f) exterior	päällysvaatteet	[pæːllys·ʋɑːtteːt]
roupa (f) de inverno	talvivaatteet	[tɑlʋi·ʋɑːtteːt]
sobretudo (m)	takki	[tɑkki]
casaco (m) de pele	turkki	[turkki]
jaqueta (f) de pele	puoliturkki	[puoli·turkki]
casaco (m) acolchoado	untuvatakki	[untuʋɑ·tɑkki]
casaco (m), jaqueta (f)	takki	[tɑkki]
impermeável (m)	sadetakki	[sɑde·tɑkki]
a prova d'água	vedenpitävä	[ʋeden·pitæʋæ]

31. Vestuário de homem & mulher

camisa (f)	paita	[pɑjtɑ]
calça (f)	housut	[housut]
jeans (m)	farkut	[fɑrkut]
paletó, terno (m)	pikkutakki	[pikku·tɑkki]
terno (m)	puku	[puku]
vestido (ex. ~ de noiva)	leninki	[leniŋki]
saia (f)	hame	[hɑme]
blusa (f)	pusero	[pusero]
casaco (m) de malha	villapusero	[ʋillɑ·pusero]
casaco, blazer (m)	jakku	[jɑkku]
camiseta (f)	T-paita	[te·pɑjtɑ]
short (m)	shortsit, sortsit	[sortsit]
training (m)	urheilupuku	[urhejlu·puku]
roupão (m) de banho	kylpytakki	[kylpy·tɑkki]
pijama (m)	pyjama	[pyjɑmɑ]
suéter (m)	villapaita	[ʋillɑ·pɑjtɑ]
pulôver (m)	neulepusero	[neule·pusero]
colete (m)	liivi	[liːʋi]
fraque (m)	frakki	[frɑkki]
smoking (m)	smokki	[smokki]
uniforme (m)	univormu	[uniʋormu]
roupa (f) de trabalho	työvaatteet	[tyø·ʋɑːtteːt]
macacão (m)	haalari	[hɑːlɑri]
jaleco (m), bata (f)	lääkärintakki	[læːkærin·tɑkki]

32. Vestuário. Roupa interior

roupa (f) íntima	alusvaatteet	[alus·ʋɑ:tte:t]
cueca boxer (f)	bokserit	[bokserit]
calcinha (f)	pikkuhousut	[pikku·housut]
camiseta (f)	aluspaita	[alus·pɑjtɑ]
meias (f pl)	sukat	[sukɑt]
camisola (f)	yöpuku	[yøpuku]
sutiã (m)	rintaliivit	[rintɑ·li:ʋit]
meias longas (f pl)	polvisukat	[polʋi·sukɑt]
meias-calças (f pl)	sukkahousut	[sukkɑ·housut]
meias (~ de nylon)	sukat	[sukɑt]
maiô (m)	uimapuku	[ujmɑ·puku]

33. Adereços de cabeça

chapéu (m), touca (f)	hattu	[hɑttu]
chapéu (m) de feltro	fedora-hattu	[fedorɑ·hɑttu]
boné (m) de beisebol	lippalakki	[lippɑ·lɑkki]
boina (~ italiana)	lakki	[lɑkki]
boina (ex. ~ basca)	baskeri	[bɑskeri]
capuz (m)	huppu	[huppu]
chapéu panamá (m)	panamahattu	[pɑnɑmɑ·hɑttu]
touca (f)	pipo	[pipo]
lenço (m)	huivi	[hujʋi]
chapéu (m) feminino	naisten hattu	[nɑjsten hɑttu]
capacete (m) de proteção	suojakypärä	[suojɑ·kypæræ]
bibico (m)	suikka	[sujkkɑ]
capacete (m)	kypärä	[kypæræ]
chapéu-coco (m)	knalli	[knɑlli]
cartola (f)	silinterihattu	[silinteri·hɑttu]

34. Calçado

calçado (m)	jalkineet	[jɑlkine:t]
botinas (f pl), sapatos (m pl)	varsikengät	[ʋɑrsikeŋæt]
sapatos (de salto alto, etc.)	naisten kengät	[nɑjsten keŋæt]
botas (f pl)	saappaat	[sɑ:ppɑ:t]
pantufas (f pl)	tossut	[tossut]
tênis (~ Nike, etc.)	lenkkitossut	[leŋkki·tossut]
tênis (~ Converse)	lenkkarit	[leŋkkɑrit]
sandálias (f pl)	sandaalit	[sɑndɑ:lit]
sapateiro (m)	suutari	[su:tɑri]
salto (m)	korko	[korko]

par (m)	pari	[pɑri]
cadarço (m)	nauha	[nɑuhɑ]
amarrar os cadarços	sitoa kengännauhat	[sitoɑ keŋænnɑuhɑt]
calçadeira (f)	kenkälusikka	[keŋkæ·lusikkɑ]
graxa (f) para calçado	kenkävoide	[keŋkæ·ʋojde]

35. Têxtil. Tecidos

algodão (m)	puuvilla	[pu:ʋillɑ]
de algodão	puuvilla-	[pu:ʋillɑ]
linho (m)	pellava	[pellɑʋɑ]
de linho	pellava-	[pellɑʋɑ]

seda (f)	silkki	[silkki]
de seda	silkki-, silkkinen	[silkki], [silkkinen]
lã (f)	villa	[ʋillɑ]
de lã	villa-, villainen	[ʋillɑ], [ʋillɑjnen]

veludo (m)	sametti	[sɑmetti]
camurça (f)	säämiskä	[sæ:miskæ]
veludo (m) cotelê	vakosametti	[ʋɑko·sɑmetti]

nylon (m)	nailon	[nɑjlon]
de nylon	nailon-	[nɑjlon]
poliéster (m)	polyesteri	[polyesteri]
de poliéster	polyesterinen	[polyesterinen]

couro (m)	nahka	[nɑhkɑ]
de couro	nahkainen	[nɑhkɑjnen]
pele (f)	turkki, turkis	[turkki], [turkis]
de pele	turkis-	[turkis]

36. Acessórios pessoais

luva (f)	käsineet	[kæsine:t]
mitenes (f pl)	lapaset	[lɑpɑset]
cachecol (m)	kaulaliina	[kɑulɑ·li:nɑ]

óculos (m pl)	silmälasit	[silmæ·lɑsit]
armação (f)	kehys	[kehys]
guarda-chuva (m)	sateenvarjo	[sɑte:n·ʋɑrjo]
bengala (f)	kävelykeppi	[kæʋely·keppi]
escova (f) para o cabelo	hiusharja	[hius·hɑrjɑ]
leque (m)	viuhka	[ʋiuhkɑ]

gravata (f)	solmio	[solmio]
gravata-borboleta (f)	rusetti	[rusetti]
suspensórios (m pl)	henkselit	[heŋkselit]
lenço (m)	nenäliina	[nenæ·li:nɑ]

| pente (m) | kampa | [kɑmpɑ] |
| fivela (f) para cabelo | hiussolki | [hius·solki] |

39

| grampo (m) | hiusneula | [hius·neula] |
| fivela (f) | solki | [solki] |

| cinto (m) | vyö | [ʋyø] |
| alça (f) de ombro | hihna | [hihna] |

bolsa (f)	laukku	[laukku]
bolsa (feminina)	käsilaukku	[kæsi·laukku]
mochila (f)	reppu	[reppu]

37. Vestuário. Diversos

moda (f)	muoti	[muoti]
na moda (adj)	muodikas	[muodikas]
estilista (m)	mallisuunnittelija	[malli·suːnnittelija]

colarinho (m)	kaulus	[kaulus]
bolso (m)	tasku	[tasku]
de bolso	tasku-	[tasku]
manga (f)	hiha	[hiha]
ganchinho (m)	raksi	[raksi]
bragueta (f)	halkio	[halkio]

zíper (m)	vetoketju	[ʋeto·ketju]
colchete (m)	kiinnitin	[kiːnnitin]
botão (m)	nappi	[nappi]
botoeira (casa de botão)	napinläpi	[napin·læpi]
soltar-se (vr)	irrota	[irrota]

costurar (vi)	ommella	[ommella]
bordar (vt)	kirjoa	[kirjoa]
bordado (m)	kirjonta	[kirjonta]
agulha (f)	neula	[neula]
fio, linha (f)	lanka	[laŋka]
costura (f)	sauma	[sauma]

sujar-se (vr)	tahraantua	[tahraːntua]
mancha (f)	tahra	[tahra]
amarrotar-se (vr)	rypistyä	[rypistyæ]
rasgar (vt)	repiä	[repiæ]
traça (f)	koi	[koj]

38. Cuidados pessoais. Cosméticos

pasta (f) de dente	hammastahna	[hammas·tahna]
escova (f) de dente	hammasharja	[hammas·harja]
escovar os dentes	harjata hampaita	[harjata hampajta]

gilete (f)	partahöylä	[parta·høylæ]
creme (m) de barbear	partavaahdoke	[parta·ʋaːhdoke]
barbear-se (vr)	ajaa parta	[aja: parta]
sabonete (m)	saippua	[sajppua]

xampu (m)	sampoo	[sɑmpo:]
tesoura (f)	sakset	[sɑkset]
lixa (f) de unhas	kynsiviila	[kynsi·ʋi:lɑ]
corta-unhas (m)	kynsileikkuri	[kynsi·lejkkuri]
pinça (f)	pinsetit	[pinsetit]
cosméticos (m pl)	meikki	[mejkki]
máscara (f)	kasvonaamio	[kɑsʋo·nɑ:mio]
manicure (f)	manikyyri	[mɑniky:ri]
fazer as unhas	hoitaa kynsiä	[hojtɑ: kynsiæ]
pedicure (f)	jalkahoito	[jɑlkɑ·hojto]
bolsa (f) de maquiagem	meikkipussi	[mejkki·pussi]
pó (de arroz)	puuteri	[pu:teri]
pó (m) compacto	puuterirasia	[pu:teri·rɑsiɑ]
blush (m)	poskipuna	[poski·punɑ]
perfume (m)	parfyymi	[pɑrfy:mi]
água-de-colônia (f)	eau de toilette, hajuvesi	[o·de·tuɑlet], [hɑju·ʋesi]
loção (f)	kasvovesi	[kɑsʋo·ʋesi]
colônia (f)	kölninvesi	[kølnin·ʋesi]
sombra (f) de olhos	luomiväri	[luomi·ʋæri]
delineador (m)	rajauskynä	[rɑjɑus·kynæ]
máscara (f), rímel (m)	ripsiväri	[ripsi·ʋæri]
batom (m)	huulipuna	[hu:li·punɑ]
esmalte (m)	kynsilakka	[kynsi·lɑkkɑ]
laquê (m), spray fixador (m)	hiuslakka	[hius·lɑkkɑ]
desodorante (m)	deodorantti	[deodorɑntti]
creme (m)	voide	[ʋojde]
creme (m) de rosto	kasvovoide	[kɑsʋo·ʋojde]
creme (m) de mãos	käsivoide	[kæsi·ʋojde]
creme (m) antirrugas	ryppyvoide	[ryppy·ʋojde]
creme (m) de dia	päivävoide	[pæjʋæ·ʋojde]
creme (m) de noite	yövoide	[yø·ʋojde]
de dia	päivä-	[pæjʋæ]
da noite	yö-	[yø]
absorvente (m) interno	tamponi	[tɑmponi]
papel (m) higiênico	vessapaperi	[ʋessɑ·pɑperi]
secador (m) de cabelo	hiustenkuivaaja	[hiusteŋ·kujʋɑ:jɑ]

39. Joalheria

joias (f pl)	korut	[korut]
precioso (adj)	jalo-	[jɑlo]
marca (f) de contraste	tarkastusleimaus	[tɑrkɑstus·lejmɑus]
anel (m)	sormus	[sormus]
aliança (f)	vihkisormus	[ʋihki·sormus]
pulseira (f)	rannerengas	[rɑnne·reŋɑs]
brincos (m pl)	korvakorut	[korʋɑ·korut]

41

colar (m)	kaulakoru	[kaula·koru]
coroa (f)	kruunu	[kru:nu]
colar (m) de contas	helmet	[helmet]

diamante (m)	timantti	[timantti]
esmeralda (f)	smaragdi	[smaragdi]
rubi (m)	rubiini	[rubi:ni]
safira (f)	safiiri	[safi:ri]
pérola (f)	helmet	[helmet]
âmbar (m)	meripihka	[meri·pihka]

40. Relógios de pulso. Relógios

relógio (m) de pulso	rannekello	[ranne·kello]
mostrador (m)	kellotaulu	[kello·taulu]
ponteiro (m)	osoitin	[osojtin]
bracelete (em aço)	metalliranneke	[metalli·ranneke]
bracelete (em couro)	ranneke	[ranneke]

pilha (f)	paristo	[paristo]
acabar (vi)	olla tyhjä	[olla tyhjæ]
trocar a pilha	vaihtaa paristo	[ʋajhta: paristo]
estar adiantado	edistää	[edistæ:]
estar atrasado	jätättää	[ætættæ:]

relógio (m) de parede	seinäkello	[sejnæ·kello]
ampulheta (f)	tiimalasi	[ti:malasi]
relógio (m) de sol	aurinkokello	[auriŋko·kello]
despertador (m)	herätyskello	[herætys·kello]
relojoeiro (m)	kelloseppä	[kello·seppæ]
reparar (vt)	korjata	[korjata]

Alimentação. Nutrição

41. Comida

carne (f)	liha	[liha]
galinha (f)	kana	[kana]
frango (m)	kananpoika	[kanan·pojka]
pato (m)	ankka	[aŋkka]
ganso (m)	hanhi	[hanhi]
caça (f)	riista	[ri:sta]
peru (m)	kalkkuna	[kalkkuna]

carne (f) de porco	sianliha	[sian·liha]
carne (f) de vitela	vasikanliha	[ʋasikan·liha]
carne (f) de carneiro	lampaanliha	[lampa:n·liha]
carne (f) de vaca	naudanliha	[naudan·liha]
carne (f) de coelho	kaniini	[kani:ni]

linguiça (f), salsichão (m)	makkara	[makkara]
salsicha (f)	nakki	[nakki]
bacon (m)	pekoni	[pekoni]
presunto (m)	kinkku	[kiŋkku]
pernil (m) de porco	savustettu kinkku	[sauustettu kiŋkku]

patê (m)	patee	[pate:]
fígado (m)	maksa	[maksa]
guisado (m)	jauheliha	[jauhe·liha]
língua (f)	kieli	[kieli]

ovo (m)	muna	[muna]
ovos (m pl)	munat	[munat]
clara (f) de ovo	valkuainen	[ualku·ajnen]
gema (f) de ovo	keltuainen	[keltuajnen]

peixe (m)	kala	[kala]
mariscos (m pl)	meren antimet	[meren antimet]
crustáceos (m pl)	äyriäiset	[æyriæjset]
caviar (m)	kaviaari	[kauia:ri]

caranguejo (m)	kuningasrapu	[kuniŋas·rapu]
camarão (m)	katkarapu	[katkarapu]
ostra (f)	osteri	[osteri]
lagosta (f)	langusti	[laŋusti]
polvo (m)	meritursas	[meri·tursas]
lula (f)	kalmari	[kalmari]

esturjão (m)	sampi	[sampi]
salmão (m)	lohi	[lohi]
halibute (m)	pallas	[pallas]
bacalhau (m)	turska	[turska]

cavala, sarda (f)	makrilli	[makrilli]
atum (m)	tonnikala	[tonnikala]
enguia (f)	ankerias	[aŋkerias]
truta (f)	taimen	[tajmen]
sardinha (f)	sardiini	[sardi:ni]
lúcio (m)	hauki	[hauki]
arenque (m)	silli	[silli]
pão (m)	leipä	[lejpæ]
queijo (m)	juusto	[ju:sto]
açúcar (m)	sokeri	[sokeri]
sal (m)	suola	[suola]
arroz (m)	riisi	[ri:si]
massas (f pl)	pasta, makaroni	[pasta], [makaroni]
talharim, miojo (m)	nuudeli	[nu:deli]
manteiga (f)	voi	[ʋoj]
óleo (m) vegetal	kasviöljy	[kasʋi·øljy]
óleo (m) de girassol	auringonkukkaöljy	[auriŋon·kukka·øljy]
margarina (f)	margariini	[margari:ni]
azeitonas (f pl)	oliivit	[oli:ʋit]
azeite (m)	oliiviöljy	[oli:ʋi·øljy]
leite (m)	maito	[majto]
leite (m) condensado	maitotiiviste	[majto·ti:ʋiste]
iogurte (m)	jogurtti	[jogurtti]
creme (m) azedo	hapankerma	[hapan·kerma]
creme (m) de leite	kerma	[kerma]
maionese (f)	majoneesi	[majone:si]
creme (m)	kreemi	[kre:mi]
grãos (m pl) de cereais	suurimot	[su:rimot]
farinha (f)	jauhot	[jauhot]
enlatados (m pl)	säilyke	[sæjlyke]
flocos (m pl) de milho	maissimurot	[majssi·murot]
mel (m)	hunaja	[hunaja]
geleia (m)	hillo	[hillo]
chiclete (m)	purukumi	[puru·kumi]

42. Bebidas

água (f)	vesi	[ʋesi]
água (f) potável	juomavesi	[juoma·ʋesi]
água (f) mineral	kivennäisvesi	[kiʋennæjs·ʋesi]
sem gás (adj)	ilman hiilihappoa	[ilman hi:li·happoa]
gaseificada (adj)	hiilihappovettä	[hi:li·happoʋetta]
com gás	hiilihappoinen	[hi:li·happojnen]
gelo (m)	jää	[jæ:]

com gelo	jään kanssa	[jæ:n kanssa]
não alcoólico (adj)	alkoholiton	[alkoholiton]
refrigerante (m)	alkoholiton juoma	[alkoholiton juoma]
refresco (m)	virvoitusjuoma	[ʋirʋojtus·juoma]
limonada (f)	limonadi	[limonadi]

bebidas (f pl) alcoólicas	alkoholijuomat	[alkoholi·juomat]
vinho (m)	viini	[ʋi:ni]
vinho (m) branco	valkoviini	[ʋalko·ʋi:ni]
vinho (m) tinto	punaviini	[puna·ʋi:ni]

licor (m)	likööri	[likø:ri]
champanhe (m)	samppanja	[samppanja]
vermute (m)	vermutti	[ʋermutti]

uísque (m)	viski	[ʋiski]
vodca (f)	votka, vodka	[ʋotka], [ʋodka]
gim (m)	gini	[gini]
conhaque (m)	konjakki	[konjakki]
rum (m)	rommi	[rommi]

café (m)	kahvi	[kahʋi]
café (m) preto	musta kahvi	[musta kahʋi]
café (m) com leite	maitokahvi	[majto·kahʋi]
cappuccino (m)	cappuccino	[kaputʃi:no]
café (m) solúvel	murukahvi	[muru·kahʋi]

leite (m)	maito	[majto]
coquetel (m)	cocktail	[koktejl]
batida (f), milkshake (m)	pirtelö	[pirtelø]

suco (m)	mehu	[mehu]
suco (m) de tomate	tomaattimehu	[toma:tti·mehu]
suco (m) de laranja	appelsiinimehu	[appelsi:ni·mehu]
suco (m) fresco	tuoremehu	[tuore·mehu]

cerveja (f)	olut	[olut]
cerveja (f) clara	vaalea olut	[ʋa:lea olut]
cerveja (f) preta	tumma olut	[tumma olut]

chá (m)	tee	[te:]
chá (m) preto	musta tee	[musta te:]
chá (m) verde	vihreä tee	[ʋihreæ te:]

43. Vegetais

vegetais (m pl)	vihannekset	[ʋihannekset]
verdura (f)	lehtikasvikset	[lehti·kasʋikset]

tomate (m)	tomaatti	[toma:tti]
pepino (m)	kurkku	[kurkku]
cenoura (f)	porkkana	[porkkana]
batata (f)	peruna	[peruna]
cebola (f)	sipuli	[sipuli]

alho (m)	valkosipuli	[ʋalko·sipuli]
couve (f)	kaali	[kɑ:li]
couve-flor (f)	kukkakaali	[kukkɑ·kɑ:li]
couve-de-bruxelas (f)	brysselinkaali	[brysseliŋ·kɑ:li]
brócolis (m pl)	parsakaali	[parsa·kɑ:li]

beterraba (f)	punajuuri	[puna·ju:ri]
berinjela (f)	munakoiso	[muna·kojso]
abobrinha (f)	kesäkurpitsa	[kesæ·kurpitsa]
abóbora (f)	kurpitsa	[kurpitsa]
nabo (m)	nauris	[nauris]

salsa (f)	persilja	[persilja]
endro, aneto (m)	tilli	[tilli]
alface (f)	lehtisalaatti	[lehti·sala:tti]
aipo (m)	selleri	[selleri]
aspargo (m)	parsa	[parsa]
espinafre (m)	pinaatti	[pina:tti]

ervilha (f)	herne	[herne]
feijão (~ soja, etc.)	pavut	[pauut]
milho (m)	maissi	[majssi]
feijão (m) roxo	pavut	[pauut]

pimentão (m)	paprika	[paprika]
rabanete (m)	retiisi	[reti:si]
alcachofra (f)	artisokka	[artisokka]

44. Frutos. Nozes

fruta (f)	hedelmä	[hedelmæ]
maçã (f)	omena	[omena]
pera (f)	päärynä	[pæ:rynæ]
limão (m)	sitruuna	[sitru:na]
laranja (f)	appelsiini	[appelsi:ni]
morango (m)	mansikka	[mansikka]

tangerina (f)	mandariini	[mandari:ni]
ameixa (f)	luumu	[lu:mu]
pêssego (m)	persikka	[persikka]
damasco (m)	aprikoosi	[apriko:si]
framboesa (f)	vadelma	[uadelma]
abacaxi (m)	ananas	[ananas]

banana (f)	banaani	[bana:ni]
melancia (f)	vesimeloni	[uesi·meloni]
uva (f)	viinirypäleet	[ui:ni·rypæle:t]
ginja (f)	hapankirsikka	[hapan·kirsikka]
cereja (f)	linnunkirsikka	[linnun·kirsikka]
melão (m)	meloni	[meloni]

toranja (f)	greippi	[grejppi]
abacate (m)	avokado	[auokado]
mamão (m)	papaija	[papaija]

| manga (f) | mango | [maŋo] |
| romã (f) | granaattiomena | [grana:tti·omena] |

groselha (f) vermelha	punaherukka	[puna·herukka]
groselha (f) negra	mustaherukka	[musta·herukka]
groselha (f) espinhosa	karviainen	[karʋiajnen]
mirtilo (m)	mustikka	[mustikka]
amora (f) silvestre	karhunvatukka	[karhun·ʋatukka]

passa (f)	rusina	[rusina]
figo (m)	viikuna	[ʋi:kuna]
tâmara (f)	taateli	[ta:teli]

amendoim (m)	maapähkinä	[ma:pæhkinæ]
amêndoa (f)	manteli	[manteli]
noz (f)	saksanpähkinä	[saksan·pæhkinæ]
avelã (f)	hasselpähkinä	[hassel·pæhkinæ]
coco (m)	kookospähkinä	[ko:kos·pæhkinæ]
pistaches (m pl)	pistaasi	[pista:si]

45. Pão. Bolaria

pastelaria (f)	konditoriatuotteet	[konditorja·tuotte:t]
pão (m)	leipä	[lejpæ]
biscoito (m), bolacha (f)	keksit	[keksit]

chocolate (m)	suklaa	[sukla:]
de chocolate	suklaa-	[sukla:]
bala (f)	karamelli	[karamelli]
doce (bolo pequeno)	leivos	[lejʋos]
bolo (m) de aniversário	kakku	[kakku]

| torta (f) | piirakka | [pi:rakka] |
| recheio (m) | täyte | [tæyte] |

geleia (m)	hillo	[hillo]
marmelada (f)	marmeladi	[marmeladi]
wafers (m pl)	vohvelit	[ʋohʋelit]
sorvete (m)	jäätelö	[jæ:telø]
pudim (m)	vanukas	[vanukas]

46. Pratos cozinhados

prato (m)	ruokalaji	[ruoka·laji]
cozinha (~ portuguesa)	keittiö	[kejttiø]
receita (f)	resepti	[resepti]
porção (f)	annos	[annos]

salada (f)	salaatti	[sala:tti]
sopa (f)	keitto	[kejtto]
caldo (m)	liemi	[liemi]
sanduíche (m)	voileipä	[ʋoj·lejpæ]

ovos (m pl) fritos	paistettu muna	[pajstettu muna]
hambúrguer (m)	hampurilainen	[hampurilajnen]
bife (m)	pihvi	[pihʋi]

acompanhamento (m)	lisäke	[lisæke]
espaguete (m)	spagetti	[spagetti]
purê (m) de batata	perunasose	[peruna·sose]
pizza (f)	pizza	[pitsa]
mingau (m)	puuro	[pu:ro]
omelete (f)	munakas	[munakas]

fervido (adj)	keitetty	[kejtetty]
defumado (adj)	savustettu	[saʋustettu]
frito (adj)	paistettu	[pajstettu]
seco (adj)	kuivattu	[kujʋattu]
congelado (adj)	jäädytetty	[jæ:dytetty]
em conserva (adj)	säilötty	[sæjløtty]

doce (adj)	makea	[makea]
salgado (adj)	suolainen	[suolajnen]
frio (adj)	kylmä	[kylmæ]
quente (adj)	kuuma	[ku:ma]
amargo (adj)	karvas	[karʋas]
gostoso (adj)	maukas	[maukas]

cozinhar em água fervente	keittää	[kejttæ:]
preparar (vt)	laittaa ruokaa	[lajtta: ruoka:]
fritar (vt)	paistaa	[pajsta:]
aquecer (vt)	lämmittää	[læmmittæ:]

salgar (vt)	suolata	[suolata]
apimentar (vt)	pippuroida	[pippurojda]
ralar (vt)	raastaa	[ra:sta:]
casca (f)	kuori	[kuori]
descascar (vt)	kuoria	[kuoria]

47. Especiarias

sal (m)	suola	[suola]
salgado (adj)	suolainen	[suolajnen]
salgar (vt)	suolata	[suolata]

pimenta-do-reino (f)	musta pippuri	[musta pippuri]
pimenta (f) vermelha	kuuma pippuri	[ku:ma pippuri]
mostarda (f)	sinappi	[sinappi]
raiz-forte (f)	piparjuuri	[pipar·ju:ri]

condimento (m)	höyste	[høyste]
especiaria (f)	mauste	[mauste]
molho (~ inglês)	kastike	[kastike]
vinagre (m)	etikka	[etikka]

anis estrelado (m)	anis	[anis]
manjericão (m)	basilika	[basilika]

cravo (m)	neilikka	[nejlikka]
gengibre (m)	inkivääri	[iŋkiʋæ:ri]
coentro (m)	korianteri	[korianteri]
canela (f)	kaneli	[kaneli]

gergelim (m)	seesami	[se:sami]
folha (f) de louro	laakerinlehti	[la:kerin·lehti]
páprica (f)	paprika	[paprika]
cominho (m)	kumina	[kumina]
açafrão (m)	sahrami	[sahrami]

48. Refeições

| comida (f) | ruoka | [ruoka] |
| comer (vt) | syödä | [syødæ] |

café (m) da manhã	aamiainen	[a:miajnen]
tomar café da manhã	syödä aamiaista	[syødæ a:miajsta]
almoço (m)	lounas	[lounas]
almoçar (vi)	syödä lounasta	[syødæ lounasta]
jantar (m)	illallinen	[illallinen]
jantar (vi)	syödä illallista	[syødæ illallista]

| apetite (m) | ruokahalu | [ruoka·halu] |
| Bom apetite! | Hyvää ruokahalua! | [hyʋæ: ruokaɦalua] |

abrir (~ uma lata, etc.)	avata	[aʋata]
derramar (~ líquido)	läikyttää	[læjkyttæ:]
derramar-se (vr)	läikkyä	[læjkkyæ]

ferver (vi)	kiehua	[kieɦua]
ferver (vt)	keittää	[kejttæ:]
fervido (adj)	keitetty	[kejtetty]

| esfriar (vt) | jäähdyttää | [jæ:hdyttæ:] |
| esfriar-se (vr) | jäähtyä | [jæ:htyæ] |

| sabor, gosto (m) | maku | [maku] |
| fim (m) de boca | sivumaku | [siʋu·maku] |

emagrecer (vi)	olla dieetillä	[olla die:tilæ]
dieta (f)	dieetti	[die:ti]
vitamina (f)	vitamiini	[ʋitami:ni]
caloria (f)	kalori	[kalori]

| vegetariano (m) | kasvissyöjä | [kasʋissyøjæ] |
| vegetariano (adj) | kasvis- | [kasʋis] |

gorduras (f pl)	rasvat	[rasʋat]
proteínas (f pl)	proteiinit	[protei:nit]
carboidratos (m pl)	hiilihydraatit	[hi:li·hydra:tit]
fatia (~ de limão, etc.)	viipale	[ʋi:pale]
pedaço (~ de bolo)	pala, viipale	[pala], [ʋi:pale]
migalha (f), farelo (m)	muru	[muru]

49. Por a mesa

colher (f)	lusikka	[lusikka]
faca (f)	veitsi	[uejtsi]
garfo (m)	haarukka	[hɑ:rukka]
xícara (f)	kuppi	[kuppi]
prato (m)	lautanen	[lautanen]
pires (m)	teevati	[te:uati]
guardanapo (m)	lautasliina	[lautas·li:na]
palito (m)	hammastikku	[hammas·tikku]

50. Restaurante

restaurante (m)	ravintola	[rauintola]
cafeteria (f)	kahvila	[kahuila]
bar (m), cervejaria (f)	baari	[bɑ:ri]
salão (m) de chá	teehuone	[te:huone]
garçom (m)	tarjoilija	[tarjoilija]
garçonete (f)	tarjoilijatar	[tarjoilijatar]
barman (m)	baarimestari	[bɑ:ri·mestari]
cardápio (m)	ruokalista	[ruoka·lista]
lista (f) de vinhos	viinilista	[ui:ni·lista]
reservar uma mesa	varata pöytä	[uarata pøytæ]
prato (m)	ruokalaji	[ruoka·laji]
pedir (vt)	tilata	[tilata]
fazer o pedido	tilata	[tilata]
aperitivo (m)	aperitiivi	[aperiti:ui]
entrada (f)	alkupala	[alku·pala]
sobremesa (f)	jälkiruoka	[jælki·ruoka]
conta (f)	lasku	[lasku]
pagar a conta	maksaa lasku	[maksɑ: lasku]
dar o troco	antaa vaihtorahaa	[anta: uajhtoraha:]
gorjeta (f)	juomaraha	[juoma·raħa]

Família, parentes e amigos

51. Informação pessoal. Formulários

nome (m)	nimi	[nimi]
sobrenome (m)	sukunimi	[suku·nimi]
data (f) de nascimento	syntymäpäivä	[syntymæ·pæjʋæ]
local (m) de nascimento	syntymäpaikka	[syntymæ·pajkka]
nacionalidade (f)	kansallisuus	[kansallisu:s]
lugar (m) de residência	asuinpaikka	[asujn·pajkka]
país (m)	maa	[ma:]
profissão (f)	ammatti	[ammatti]
sexo (m)	sukupuoli	[suku·puoli]
estatura (f)	pituus	[pitu:s]
peso (m)	paino	[pajno]

52. Membros da família. Parentes

mãe (f)	äiti	[æjti]
pai (m)	isä	[isæ]
filho (m)	poika	[pojka]
filha (f)	tytär	[tytær]
caçula (f)	nuorempi tytär	[nuorempi tytær]
caçula (m)	nuorempi poika	[nuorempi pojka]
filha (f) mais velha	vanhempi tytär	[ʋanhempi tytær]
filho (m) mais velho	vanhempi poika	[ʋanhempi pojka]
irmão (m)	veli	[ʋeli]
irmão (m) mais velho	vanhempi veli	[ʋanhempi ʋeli]
irmão (m) mais novo	nuorempi veli	[nuorempi ʋeli]
irmã (f)	sisar	[sisar]
irmã (f) mais velha	vanhempi sisar	[ʋanhempi sisar]
irmã (f) mais nova	nuorempi sisar	[nuorempi sisar]
primo (m)	serkku	[serkku]
prima (f)	serkku	[serkku]
mamãe (f)	äiti	[æjti]
papai (m)	isä	[isæ]
pais (pl)	vanhemmat	[ʋanhemmat]
criança (f)	lapsi	[lapsi]
crianças (f pl)	lapset	[lapset]
avó (f)	isoäiti	[iso·æjti]
avô (m)	isoisä	[iso·isæ]
neto (m)	lapsenlapsi	[lapsen·lapsi]

| neta (f) | lapsenlapsi | [lapsen·lapsi] |
| netos (pl) | lastenlapset | [lasten·lapset] |

tio (m)	setä	[setæ]
tia (f)	täti	[tæti]
sobrinho (m)	veljenpoika	[ʋeljen·pojka]
sobrinha (f)	sisarenpoika	[sisaren·pojka]

sogra (f)	anoppi	[anoppi]
sogro (m)	appi	[appi]
genro (m)	vävy	[ʋæʋy]
madrasta (f)	äitipuoli	[æjti·puoli]
padrasto (m)	isäpuoli	[isæ·puoli]

criança (f) de colo	rintalapsi	[rinta·lapsi]
bebê (m)	vauva	[ʋauʋa]
menino (m)	lapsi, pienokainen	[lapsi], [pienokajnen]

mulher (f)	vaimo	[ʋajmo]
marido (m)	mies	[mies]
esposo (m)	aviomies	[aʋiomies]
esposa (f)	aviovaimo	[aʋioʋajmo]

casado (adj)	naimisissa	[najmisissa]
casada (adj)	naimisissa	[najmisissa]
solteiro (adj)	naimaton	[najmaton]
solteirão (m)	poikamies	[pojkamies]
divorciado (adj)	eronnut	[eronnut]
viúva (f)	leski	[leski]
viúvo (m)	leski	[leski]

parente (m)	sukulainen	[sukulajnen]
parente (m) próximo	lähisukulainen	[læhi·sukulajnen]
parente (m) distante	kaukainen sukulainen	[kaukajnen sukulajnen]
parentes (m pl)	sukulaiset	[sukulajset]

órfão (m), órfã (f)	orpo	[orpo]
tutor (m)	holhooja	[holho:ja]
adotar (um filho)	adoptoida	[adoptojda]
adotar (uma filha)	adoptoida	[adoptojda]

53. Amigos. Colegas de trabalho

amigo (m)	ystävä	[ystæʋæ]
amiga (f)	ystävätär	[ystæʋætær]
amizade (f)	ystävyys	[ystæʋy:s]
ser amigos	olla ystäviä	[olla ystæʋiæ]

amigo (m)	kaveri	[kaʋeri]
amiga (f)	kaveri	[kaʋeri]
parceiro (m)	partneri	[partneri]

| chefe (m) | esimies | [esimies] |
| superior (m) | päällikkö | [pæ:llikkø] |

proprietário (m)	omistaja	[omistaja]
subordinado (m)	alainen	[alajnen]
colega (m, f)	virkatoveri	[ʋirka·toʋeri]

conhecido (m)	tuttava	[tuttaʋa]
companheiro (m) de viagem	matkakumppani	[matka·kumppani]
colega (m) de classe	luokkatoveri	[luokka·toʋeri]

vizinho (m)	naapuri	[na:puri]
vizinha (f)	naapuri	[na:puri]
vizinhos (pl)	naapurit	[na:purit]

54. Homem. Mulher

mulher (f)	nainen	[najnen]
menina (f)	neiti	[nejti]
noiva (f)	morsian	[morsian]

bonita, bela (adj)	kaunis	[kaunis]
alta (adj)	pitkä	[pitkæ]
esbelta (adj)	solakka	[solakka]
baixa (adj)	pienikokoinen	[pieni·kokojnen]

loira (f)	vaaleaverikkö	[ʋa:lea·ʋerikkø]
morena (f)	tummaverikkö	[tumma·ʋerikkø]

de senhora	nais-	[najs]
virgem (f)	neitsyt	[nejtsyt]
grávida (adj)	raskaana oleva	[raska:na oleʋa]

homem (m)	mies	[mies]
loiro (m)	vaaleaverinen mies	[ʋa:lea·ʋerinen mies]
moreno (m)	tummaverinen mies	[tumma·ʋerinen mies]
alto (adj)	pitkä	[pitkæ]
baixo (adj)	pienikokoinen	[pieni·kokojnen]

rude (adj)	karkea	[karkea]
atarracado (adj)	tanakka	[tanakka]
robusto (adj)	tukeva	[tukeʋa]
forte (adj)	voimakas	[ʋojmakas]
força (f)	voima	[ʋojma]

gordo (adj)	lihava	[lihaʋa]
moreno (adj)	tummaihoinen	[tummajhojnen]
esbelto (adj)	solakka	[solakka]
elegante (adj)	tyylikäs	[ty:likæs]

55. Idade

idade (f)	ikä	[ikæ]
juventude (f)	nuoruus	[nuoru:s]
jovem (adj)	nuori	[nuori]

| mais novo (adj) | nuorempi | [nuorempi] |
| mais velho (adj) | vanhempi | [ʋanhempi] |

jovem (m)	nuorukainen	[nuorukɑjnen]
adolescente (m)	teini-ikäinen	[tejni·ikæjnen]
rapaz (m)	nuorimies	[nuorimies]

| velho (m) | vanhus | [ʋanhus] |
| velha (f) | eukko | [eukko] |

adulto	aikuinen	[ɑjkujnen]
de meia-idade	keski-ikäinen	[keski·ikæjnen]
idoso, de idade (adj)	iäkäs	[jækæs]
velho (adj)	vanha	[ʋanhɑ]

aposentadoria (f)	eläke	[elæke]
aposentar-se (vr)	jäädä eläkkeelle	[jæ:dæ elække:lle]
aposentado (m)	eläkeläinen	[elækelæjnen]

56. Crianças

criança (f)	lapsi	[lapsi]
crianças (f pl)	lapset	[lapset]
gêmeos (m pl), gêmeas (f pl)	kaksoset	[kaksoset]

berço (m)	kätkyt, kehto	[kætkyt], [kehto]
chocalho (m)	helistin	[helistin]
fralda (f)	vaippa	[ʋɑjppɑ]

chupeta (f), bico (m)	tutti	[tutti]
carrinho (m) de bebê	lastenvaunut	[lɑsten·ʋɑunut]
jardim (m) de infância	lastentarha	[lɑsten·tɑrhɑ]
babysitter, babá (f)	lastenhoitaja	[lɑsten·hojtɑjɑ]

infância (f)	lapsuus	[lɑpsu:s]
boneca (f)	nukke	[nukke]
brinquedo (m)	lelu	[lelu]
jogo (m) de montar	rakennussarja	[rɑkennus·sɑrjɑ]

bem-educado (adj)	hyvin kasvatettu	[hyʋin kɑsʋɑtettu]
malcriado (adj)	huonosti kasvatettu	[huonosti kɑsʋɑtettu]
mimado (adj)	lellitelty	[lellitelty]

ser travesso	peuhata	[peuɦɑtɑ]
travesso, traquinas (adj)	vallaton	[ʋɑllɑton]
travessura (f)	vallattomuus	[ʋɑllɑttomu:s]
criança (f) travessa	vallaton poika	[ʋɑllɑton pojkɑ]

| obediente (adj) | tottelevainen | [totteleʋɑjnen] |
| desobediente (adj) | tottelematon | [tottelemɑton] |

dócil (adj)	järkevä	[jærkeʋæ]
inteligente (adj)	älykäs	[ælykæs]
prodígio (m)	ihmelapsi	[ihme·lapsi]

57. Casais. Vida de família

beijar (vt)	suudella	[su:della]
beijar-se (vr)	suudella	[su:della]
família (f)	perhe	[perhe]
familiar (vida ~)	perheellinen	[perhe:llinen]
casal (m)	pariskunta	[paris·kunta]
matrimônio (m)	avioliitto	[avio·li:tto]
lar (m)	kotiliesi	[koti·liesi]
dinastia (f)	hallitsijasuku	[hallitsija·suku]
encontro (m)	treffit	[treffit]
beijo (m)	suudelma	[su:delma]
amor (m)	rakkaus	[rakkaus]
amar (pessoa)	rakastaa	[rakasta:]
amado, querido (adj)	rakas	[rakas]
ternura (f)	hellyys	[helly:s]
afetuoso (adj)	hellä	[hellæ]
fidelidade (f)	uskollisuus	[uskollisu:s]
fiel (adj)	uskollinen	[uskollinen]
cuidado (m)	huoli	[huoli]
carinhoso (adj)	huolehtivainen	[huolehtivajnen]
recém-casados (pl)	nuoripari	[nuori·pari]
lua (f) de mel	kuherruskuukausi	[kuherrus·ku:kausi]
casar-se (com um homem)	mennä naimisiin	[mennæ najmisi:n]
casar-se (com uma mulher)	mennä naimisiin	[mennæ najmisi:n]
casamento (m)	häät	[hæ:t]
bodas (f pl) de ouro	kultahäät	[kulta·hæ:t]
aniversário (m)	vuosipäivä	[vuosi·pæjuæ]
amante (m)	rakastaja	[rakastaja]
amante (f)	rakastajatar	[rakastajatar]
adultério (m), traição (f)	petos	[petos]
cometer adultério	pettää	[pettæ:]
ciumento (adj)	mustasukkainen	[musta·sukkajnen]
ser ciumento, -a	olla mustasukkainen	[olla musta·sukkajnen]
divórcio (m)	avioero	[avio·ero]
divorciar-se (vr)	erota	[erota]
brigar (discutir)	riidellä	[ri:dellæ]
fazer as pazes	tehdä sovinto	[tehdæ sovinto]
juntos (ir ~)	yhdessä	[yhdessæ]
sexo (m)	seksi	[seksi]
felicidade (f)	onni	[onni]
feliz (adj)	onnellinen	[onnellinen]
infelicidade (f)	epäonni	[epæonni]
infeliz (adj)	onneton	[onneton]

Caráter. Sentimentos. Emoções

58. Sentimentos. Emoções

sentimento (m)	tunne	[tunne]
sentimentos (m pl)	tunteet	[tunte:t]
sentir (vt)	tuntea	[tuntea]
fome (f)	nälkä	[nælkæ]
ter fome	olla nälkä	[olla nælkæ]
sede (f)	jano	[jano]
ter sede	olla jano	[olla jano]
sonolência (f)	uneliaisuus	[uneliajsu:s]
estar sonolento	haluta nukkua	[haluta nukkua]
cansaço (m)	väsymys	[uæsymys]
cansado (adj)	väsynyt	[uæsynyt]
ficar cansado	väsyä	[uæsyæ]
humor (m)	mieliala	[mieliala]
tédio (m)	tylsyys	[tylsy:s]
entediar-se (vr)	pitkästyä	[pitkæstyæ]
reclusão (isolamento)	yksinäisyys	[yksinæjsy:s]
isolar-se (vr)	eristäytyä	[eristæytyæ]
preocupar (vt)	huolestuttaa	[huolestutta:]
estar preocupado	huolestua	[huolestua]
preocupação (f)	huoli	[huoli]
ansiedade (f)	huolestus	[huolestus]
preocupado (adj)	huolestunut	[huolestunut]
estar nervoso	hermostua	[hermostua]
entrar em pânico	panikoida	[panikojda]
esperança (f)	toivo	[tojuo]
esperar (vt)	toivoa	[tojuoa]
certeza (f)	varmuus	[uarmu:s]
certo, seguro de ...	varma	[uarma]
indecisão (f)	epävarmuus	[epæuarmu:s]
indeciso (adj)	epävarma	[epæuarma]
bêbado (adj)	juopunut	[juopunut]
sóbrio (adj)	selvä	[seluæ]
fraco (adj)	heikko	[hejkko]
feliz (adj)	onnellinen	[onnellinen]
assustar (vt)	pelottaa	[pelotta:]
fúria (f)	raivo	[rajuo]
ira, raiva (f)	raivo	[rajuo]
depressão (f)	masennus	[masennus]
desconforto (m)	epämukavuus	[epæ·mukauu:s]

conforto (m)	**mukavuus**	[mukɑʋuːs]
arrepender-se (vr)	**katua**	[katua]
arrependimento (m)	**katumus**	[katumus]
azar (m), má sorte (f)	**huono onni**	[huono onni]
tristeza (f)	**mielipaha**	[mieli·paɦa]
vergonha (f)	**häpeä**	[hæpeæ]
alegria (f)	**iloisuus**	[ilojsuːs]
entusiasmo (m)	**into**	[into]
entusiasta (m)	**intoilija**	[intojlija]
mostrar entusiasmo	**osoittaa innostus**	[osojttɑ: innostus]

59. Caráter. Personalidade

caráter (m)	**luonne**	[luonne]
falha (f) de caráter	**luonteen heikkous**	[luonte:n heikkous]
mente, razão (f)	**järki**	[jærki]
consciência (f)	**omatunto**	[omatunto]
hábito, costume (m)	**tottumus**	[tottumus]
habilidade (f)	**kyky**	[kyky]
saber (~ nadar, etc.)	**osata**	[osata]
paciente (adj)	**kärsivällinen**	[kærsiʋællinen]
impaciente (adj)	**kärsimätön**	[kærsimætøn]
curioso (adj)	**utelias**	[utelias]
curiosidade (f)	**uteliaisuus**	[uteliajsu:s]
modéstia (f)	**vaatimattomuus**	[ʋa:timattomu:s]
modesto (adj)	**vaatimaton**	[ʋa:timaton]
imodesto (adj)	**epähieno**	[epæɦieno]
preguiça (f)	**laiskuus**	[lajsku:s]
preguiçoso (adj)	**laiska**	[lajska]
preguiçoso (m)	**laiskuri**	[lajskuri]
astúcia (f)	**viekkaus**	[ʋiekkaus]
astuto (adj)	**viekas**	[ʋiekas]
desconfiança (f)	**epäluottamus**	[epæluottamus]
desconfiado (adj)	**epäluuloinen**	[epælu:lojnen]
generosidade (f)	**anteliaisuus**	[anteliajsu:s]
generoso (adj)	**antelias**	[antelias]
talentoso (adj)	**lahjakas**	[lahjakas]
talento (m)	**lahja**	[lahja]
corajoso (adj)	**rohkea**	[rohkea]
coragem (f)	**rohkeus**	[rohkeus]
honesto (adj)	**rehellinen**	[reɦellinen]
honestidade (f)	**rehellisyys**	[reɦellisy:s]
prudente, cuidadoso (adj)	**varovainen**	[ʋaroʋajnen]
valoroso (adj)	**uljas**	[uljas]
sério (adj)	**vakava**	[ʋakaʋa]

severo (adj)	ankara	[aŋkara]
decidido (adj)	päättäväinen	[pæ:ttæʋæjnen]
indeciso (adj)	epävarma	[epæʋarma]
tímido (adj)	arka	[arka]
timidez (f)	arkuus	[arku:s]

confiança (f)	luottamus	[luottamus]
confiar (vt)	uskoa	[uskoa]
crédulo (adj)	luottavainen	[luottaʋajnen]

sinceramente	vilpittömästi	[ʋilpittømæsti]
sincero (adj)	vilpitön	[ʋilpitøn]
sinceridade (f)	vilpittömyys	[ʋilpittømy:s]
aberto (adj)	avoin	[aʋojn]

calmo (adj)	hiljainen	[hiljainen]
franco (adj)	avomielinen	[aʋomielinen]
ingênuo (adj)	naiivi	[nai:ʋi]
distraído (adj)	hajamielinen	[hajamielinen]
engraçado (adj)	hauska	[hauska]

ganância (f)	ahneus	[ahneus]
ganancioso (adj)	ahne	[ahne]
avarento, sovina (adj)	kitsas	[kitsas]
mal (adj)	vihainen	[ʋihajnen]
teimoso (adj)	itsepäinen	[itsepæjnen]
desagradável (adj)	epämiellyttävä	[epæmiellyttæʋæ]

egoísta (m)	egoisti	[egoisti]
egoísta (adj)	egoistinen	[egoistinen]
covarde (m)	pelkuri	[pelkuri]
covarde (adj)	pelkurimainen	[pelkurimajnen]

60. O sono. Sonhos

dormir (vi)	nukkua	[nukkua]
sono (m)	uni	[uni]
sonho (m)	uni	[uni]
sonhar (ver sonhos)	nähdä unta	[næhdæ unta]
sonolento (adj)	uninen	[uninen]

cama (f)	sänky	[sæŋky]
colchão (m)	patja	[patja]
cobertor (m)	peitto, täkki	[pejte], [tækki]
travesseiro (m)	tyyny	[ty:ny]
lençol (m)	lakana	[lakana]

insônia (f)	unettomuus	[unettomu:s]
sem sono (adj)	uneton	[uneton]
sonífero (m)	unilääke	[uni·læ:ke]
tomar um sonífero	ottaa unilääke	[otta: unilæ:ke]

| estar sonolento | haluta nukkua | [haluta nukkua] |
| bocejar (vi) | haukotella | [haukotella] |

ir para a cama	mennä nukkumaan	[mennæ nukkumɑ:n]
fazer a cama	sijata	[sijɑtɑ]
adormecer (vi)	nukahtaa	[nukɑhtɑ:]

pesadelo (m)	painajainen	[pɑjnɑjɑinen]
ronco (m)	kuorsaus	[kuorsɑus]
roncar (vi)	kuorsata	[kuorsɑtɑ]

despertador (m)	herätyskello	[herætys·kello]
acordar, despertar (vt)	herättää	[heræ ttæ:]
acordar (vi)	herätä	[heræ tæ]
levantar-se (vr)	nousta	[noustɑ]
lavar-se (vr)	pestä kasvot	[pestæ kɑsuot]

61. Humor. Riso. Alegria

humor (m)	huumori	[hu:mori]
senso (m) de humor	huumorintaju	[hu:morin·tɑju]
divertir-se (vr)	pitää hauskaa	[pitæ: hɑuskɑ:]
alegre (adj)	iloinen	[ilojnen]
diversão (f)	ilo, hilpeys	[ilo], [hilpeys]

sorriso (m)	hymy	[hymy]
sorrir (vi)	hymyillä	[hymyjllæ]
começar a rir	alkaa nauraa	[ɑlkɑ: nɑurɑ:]
rir (vi)	nauraa	[nɑurɑ:]
riso (m)	nauru	[nɑuru]

anedota (f)	anekdootti	[ɑnekdo:tti]
engraçado (adj)	hauska	[hɑuskɑ]
ridículo, cômico (adj)	lystikäs	[lystikæs]

brincar (vi)	vitsailla	[uitsɑjllɑ]
piada (f)	vitsi	[uitsi]
alegria (f)	ilo	[ilo]
regozijar-se (vr)	iloita	[ilojtɑ]
alegre (adj)	iloinen	[ilojnen]

62. Discussão, conversação. Parte 1

comunicação (f)	viestintä	[uiestintæ]
comunicar-se (vr)	kommunikoida	[kommunikojdɑ]

conversa (f)	keskustelu	[keskustelu]
diálogo (m)	dialogi	[diɑlogi]
discussão (f)	keskustelu	[keskustelu]
debate (m)	väittely	[uæjttely]
debater (vt)	väitellä	[uæjtellæ]

interlocutor (m)	keskustelija	[keskustelijɑ]
tema (m)	teema	[te:mɑ]
ponto (m) de vista	näkökanta	[nækø·kɑntɑ]

opinião (f)	mielipide	[mielipide]
discurso (m)	puhe	[puɦe]

discussão (f)	käsittely	[kæsittely]
discutir (vt)	käsitellä	[kæsitellæ]
conversa (f)	keskustelu	[keskustelu]
conversar (vi)	keskustella	[keskustella]
reunião (f)	tapaaminen	[tapa:minen]
encontrar-se (vr)	tavata	[tavata]

provérbio (m)	sananlasku	[sanan·lasku]
ditado, provérbio (m)	sananparsi	[sanan·parsi]
adivinha (f)	arvoitus	[arvojtus]
dizer uma adivinha	asettaa arvoitus	[asetta: arvojtus]
senha (f)	tunnussana	[tunnus·sana]
segredo (m)	salaisuus	[salajsu:s]

juramento (m)	vala	[vala]
jurar (vi)	vannoa	[vannoa]
promessa (f)	lupaus	[lupaus]
prometer (vt)	luvata	[luvata]

conselho (m)	neuvo	[neuvo]
aconselhar (vt)	neuvoa	[neuvoa]
escutar (~ os conselhos)	totella	[totella]

novidade, notícia (f)	uutinen	[u:tinen]
sensação (f)	sensaatio	[sensa:tio]
informação (f)	tiedot	[tiedot]
conclusão (f)	johtopäätös	[johto·pæ:tøs]
voz (f)	ääni	[æ:ni]
elogio (m)	kohteliaisuus	[kohteliajsu:s]
amável, querido (adj)	ystävällinen	[ystævællinen]

palavra (f)	sana	[sana]
frase (f)	lause	[lause]
resposta (f)	vastaus	[vastaus]
verdade (f)	tosi	[tosi]
mentira (f)	vale	[vale]

pensamento (m)	ajatus	[ajatus]
ideia (f)	idea	[idea]
fantasia (f)	fantasia	[fantasia]

63. Discussão, conversação. Parte 2

estimado, respeitado (adj)	kunnioitettava	[kunniojtettava]
respeitar (vt)	kunnioittaa	[kunniojtta:]
respeito (m)	kunnioitus	[kunniojtus]
Estimado ..., Caro ...	Arvoisa ...	[arvojsa]

apresentar (alguém a alguém)	tutustuttaa	[tutustutta:]
intenção (f)	aikomus	[ajkomus]

tencionar (~ fazer algo)	aikoa	[ajkoa]
desejo (de boa sorte)	toivomus	[tojʋomus]
desejar (ex. ~ boa sorte)	toivottaa	[tojʋotta:]

surpresa (f)	ihmettely, ihmetys	[ihmettely], [ihmetys]
surpreender (vt)	ihmetyttää	[ihmetyttæ:]
surpreender-se (vr)	ihmetellä	[ihmetellæ]

dar (vt)	antaa	[anta:]
pegar (tomar)	ottaa	[otta:]
devolver (vt)	palauttaa	[palautta:]
retornar (vt)	palauttaa	[palautta:]

desculpar-se (vr)	pyytää anteeksi	[py:tæ: ante:ksi]
desculpa (f)	anteeksipyyntö	[ante:ksi·py:ntø]
perdoar (vt)	antaa anteeksi	[anta: ante:ksi]

falar (vi)	puhua	[puɦua]
escutar (vt)	kuunnella	[ku:nnella]
ouvir até o fim	kuunnella loppuun	[ku:nnella loppu:n]
entender (compreender)	ymmärtää	[ymmærtæ:]
mostrar (vt)	näyttää	[næyttæ:]
olhar para ...	katsoa	[katsoa]
chamar (alguém para ...)	kutsua	[kutsua]

perturbar, distrair (vt)	harhauttaa	[harhautta:]
perturbar (vt)	häiritä	[hæjritæ]
entregar (~ em mãos)	antaa	[anta:]

pedido (m)	pyyntö	[py:ntø]
pedir (ex. ~ ajuda)	pyytää	[py:tæ:]
exigência (f)	vaatimus	[ʋa:timus]
exigir (vt)	vaatia	[ʋa:tia]

insultar (chamar nomes)	härnätä	[hærnætæ]
zombar (vt)	pilkata	[pilkata]
zombaria (f)	pilkka	[pilkka]
alcunha (f), apelido (m)	liikanimi	[li:ka·nimi]

insinuação (f)	vihjaus	[ʋihjaus]
insinuar (vt)	vihjata	[ʋihjata]
querer dizer	tarkoittaa	[tarkojtta:]

descrição (f)	kuvaus	[kuʋaus]
descrever (vt)	kuvata	[kuʋata]
elogio (m)	kehu	[keɦu]
elogiar (vt)	kehua	[keɦua]

desapontamento (m)	pettymys	[pettymys]
desapontar (vt)	tuottaa pettymys	[tuotta: pettymys]
desapontar-se (vr)	pettyä	[pettyæ]

suposição (f)	oletus	[oletus]
supor (vt)	olettaa	[oletta:]
advertência (f)	varoitus	[ʋarojtus]
advertir (vt)	varoittaa	[ʋarojtta:]

64. Discussão, conversação. Parte 3

convencer (vt)	suostutella	[suostutella:]
acalmar (vt)	rauhoittaa	[rauhojtta:]

silêncio (o ~ é de ouro)	vaitiolo	[ʋajtiolo]
ficar em silêncio	olla vaiti	[olla ʋajti]
sussurrar (vt)	kuiskata	[kujskata]
sussurro (m)	kuiskaus	[kujskaus]

francamente	avomielisesti	[aʋomielisesti]
na minha opinião ...	minusta	[minusta]

detalhe (~ da história)	yksityiskohta	[yksityjs·kohta]
detalhado (adj)	yksityiskohtainen	[yksityjs·kohtajnen]
detalhadamente	yksityiskohtaisesti	[yksityjs·kohtajsesti]

dica (f)	vihje	[ʋihje]
dar uma dica	vihjata	[ʋihjata]

olhar (m)	katse	[katse]
dar uma olhada	katsahtaa	[katsahta:]
fixo (olhada ~a)	liikkumaton	[li:kkumaton]
piscar (vi)	räpyttää	[ræpyttæ:]
piscar (vt)	iskeä silmää	[iskeæ silmæ:]
acenar com a cabeça	nyökätä	[nyøkætæ]

suspiro (m)	huokaus	[huokaus]
suspirar (vi)	huokaista	[huokajsta]
estremecer (vi)	vavista	[ʋaʋista]
gesto (m)	ele	[ele]
tocar (com as mãos)	koskea	[koskea]
agarrar (~ pelo braço)	tarrata	[tarrata]
bater de leve	taputtaa	[taputta:]

Cuidado!	Varo!	[ʋaro]
Sério?	Ihanko totta?	[ihaŋko totta]
Tem certeza?	Oletko varma?	[oletko ʋarma]
Boa sorte!	Toivotan onnea!	[tojʋotan onnea]
Entendi!	Selvä!	[selʋæ]
Que pena!	Onpa ikävä!	[onpa ikæʋæ]

65. Acordo. Recusa

consentimento (~ mútuo)	suostumus	[suostumus]
consentir (vi)	suostua	[suostua]
aprovação (f)	hyväksyminen	[hyʋæksyminen]
aprovar (vt)	hyväksyä	[hyʋæksyæ]
recusa (f)	kielto	[kielto]
negar-se a ...	kieltäytyä	[kæltæytyæ]

Ótimo!	Loistava!	[lojstaʋa]
Tudo bem!	Hyvä!	[hyʋæ]

Está bem! De acordo!	Hyvä on!	[hyʊæ on]
proibido (adj)	kielletty	[kielletty]
é proibido	on kielletty	[on kielletty]
é impossível	mahdottoman	[mɑhdottomɑn]
incorreto (adj)	virheellinen	[ʊirheːllinen]

rejeitar (~ um pedido)	evätä	[eʊætæ]
apoiar (vt)	kannattaa	[kɑnnɑttɑː]
aceitar (desculpas, etc.)	hyväksyä	[hyʊæksyæ]

confirmar (vt)	vahvistaa	[ʊɑhʊistɑː]
confirmação (f)	vahvistus	[ʊɑhʊistus]
permissão (f)	lupa	[lupɑ]
permitir (vt)	antaa lupa	[ɑntɑː lupɑ]
decisão (f)	ratkaisu	[rɑtkɑjsu]
não dizer nada	olla vaiti	[ollɑ ʊɑjti]

condição (com uma ~)	ehto	[ehto]
pretexto (m)	tekosyy	[tekosyː]
elogio (m)	kehu	[keɦu]
elogiar (vt)	kehua	[keɦuɑ]

66. Sucesso. Boa sorte. Insucesso

êxito, sucesso (m)	menestys	[menestys]
com êxito	menestyksekkäästi	[menestyksekkæːsti]
bem sucedido (adj)	menestyksellinen	[menestyksellinen]

sorte (fortuna)	hyvä onni	[hyʊæ onni]
Boa sorte!	Onnea!	[onneɑ]
de sorte	onnekas	[onnekɑs]
sortudo, felizardo (adj)	onnekas	[onnekɑs]
fracasso (m)	epäonnistuminen	[epæonnistuminen]
pouca sorte (f)	epäonni	[epæonni]
azar (m), má sorte (f)	huono onni	[huono onni]
mal sucedido (adj)	epäonnistunut	[epæonnistunut]
catástrofe (f)	katastrofi	[kɑtɑstrofi]

orgulho (m)	ylpeys	[ylpeys]
orgulhoso (adj)	ylpeä	[ylpeæ]
estar orgulhoso, -a	ylpeillä	[ylpejllæ]
vencedor (m)	voittaja	[ʊojttɑjɑ]
vencer (vi, vt)	voittaa	[ʊojttɑː]
perder (vt)	hävitä	[hæʊitæ]
tentativa (f)	yritys	[yritys]
tentar (vt)	yrittää	[yrittæː]
chance (m)	tilaisuus	[tilɑjsuːs]

67. Conflitos. Emoções negativas

| grito (m) | huuto | [huːto] |
| gritar (vi) | huutaa | [huːtɑː] |

começar a gritar	alkaa huutaa	[ɑlkɑ: hu:tɑ:]
discussão (f)	riita	[ri:tɑ]
brigar (discutir)	riidellä	[ri:dellæ]
escândalo (m)	skandaali	[skɑndɑ:li]
criar escândalo	rähistä	[ræhistæ]
conflito (m)	konflikti	[konflikti]
mal-entendido (m)	väärinkäsitys	[ʋæ:rin·kæsitys]
insulto (m)	loukkaus	[loukkɑus]
insultar (vt)	loukata	[loukɑtɑ]
insultado (adj)	loukkaantunut	[loukkɑ:ntunut]
ofensa (f)	närkästys	[nærkæstys]
ofender (vt)	loukata	[loukɑtɑ]
ofender-se (vr)	loukkaantua	[loukkɑ:ntuɑ]
indignação (f)	suuttumus	[su:ttumus]
indignar-se (vr)	olla suutuksissa	[ollɑ su:tuksissɑ]
queixa (f)	valitus	[ʋɑlitus]
queixar-se (vr)	valittaa	[ʋɑlittɑ:]
desculpa (f)	anteeksipyyntö	[ante:ksi·py:ntø]
desculpar-se (vr)	pyytää anteeksi	[py:tæ: ante:ksi]
pedir perdão	puolustella	[puolustellɑ]
crítica (f)	arvostelu	[ɑrʋostelu]
criticar (vt)	arvostella	[ɑrʋostellɑ]
acusação (f)	syyte	[sy:te]
acusar (vt)	syyttää	[sy:ttæ:]
vingança (f)	kosto	[kosto]
vingar (vt)	kostaa	[kostɑ:]
vingar-se de	antaa takaisin	[ɑntɑ: tɑkɑjsin]
desprezo (m)	halveksinta	[hɑlʋeksintɑ]
desprezar (vt)	halveksia	[hɑlʋeksiɑ]
ódio (m)	viha	[ʋihɑ]
odiar (vt)	vihata	[ʋihɑtɑ]
nervoso (adj)	hermostunut	[hermostunut]
estar nervoso	hermostua	[hermostuɑ]
zangado (adj)	vihainen	[ʋihɑjnen]
zangar (vt)	suututtaa	[su:tuttɑ:]
humilhação (f)	alentaminen	[ɑlentɑminen]
humilhar (vt)	alentaa	[ɑlentɑ:]
humilhar-se (vr)	alentua	[ɑlentuɑ]
choque (m)	sokki	[sokki]
chocar (vt)	sokeerata	[soke:rɑtɑ]
aborrecimento (m)	ikävyys	[ikæʋy:s]
desagradável (adj)	epämiellyttävä	[epæmiellyttæʋæ]
medo (m)	pelko	[pelko]
terrível (tempestade, etc.)	hirveä	[hirʋeæ]
assustador (ex. história ~a)	kauhea	[kɑuheæ]

| horror (m) | kauhu | [kɑuɦu] |
| horrível (crime, etc.) | karmea | [kɑrmeɑ] |

chorar (vi)	itkeä	[itkeæ]
começar a chorar	ruveta itkemään	[ruʋetɑ itkemæ:n]
lágrima (f)	kyynel	[ky:nel]

falta (f)	vika	[ʋikɑ]
culpa (f)	syyllisyys	[sy:llisy:s]
desonra (f)	häpeä	[hæpeæ]
protesto (m)	protesti, vastalause	[protesti], [ʋɑstɑlɑuse]
estresse (m)	stressi	[stressi]

perturbar (vt)	häiritä	[hæjritæ]
zangar-se com ...	vihastua	[ʋiɦɑstuɑ]
zangado (irritado)	vihainen	[ʋiɦɑjnen]
terminar (vt)	lopettaa	[lopettɑ:]
praguejar	kiroilla	[kirojllɑ]

assustar-se	pelästyä	[pelæstyæ]
golpear (vt)	iskeä	[iskeæ]
brigar (na rua, etc.)	tapella	[tɑpellɑ]

resolver (o conflito)	sopia, sovitella	[sopiɑ], [soʋitellɑ]
descontente (adj)	tyytymätön	[ty:tymætøn]
furioso (adj)	tuima	[tujmɑ]

| Não está bem! | Se ei ole hyvä! | [se ej ole hyʋæ] |
| É ruim! | Se on huono! | [se on huono] |

Medicina

68. Doenças

doença (f)	sairaus	[sajraus]
estar doente	sairastaa	[sajrasta:]
saúde (f)	terveys	[terʋeys]
nariz (m) escorrendo	nuha	[nuha]
amigdalite (f)	angiina	[aŋi:na]
resfriado (m)	vilustuminen	[ʋilustuminen]
ficar resfriado	vilustua	[ʋilustua]
bronquite (f)	keuhkokatarri	[keuhko·katarri]
pneumonia (f)	keuhkotulehdus	[keuhko·tulehdus]
gripe (f)	influenssa	[influenssa]
míope (adj)	likinäköinen	[likinækøjnen]
presbita (adj)	kaukonäköinen	[kaukonækøjnen]
estrabismo (m)	kierosilmäisyys	[kiero·silmæjsy:s]
estrábico, vesgo (adj)	kiero	[kiero]
catarata (f)	harmaakaihi	[harma:kajhi]
glaucoma (m)	silmänpainetauti	[silmæn·pajne·tauti]
AVC (m), apoplexia (f)	aivoinfarkti	[ajʋo·infarkti]
ataque (m) cardíaco	infarkti	[infarkti]
enfarte (m) do miocárdio	sydäninfarkti	[sydæn·infarkti]
paralisia (f)	halvaus	[halʋaus]
paralisar (vt)	halvauttaa	[halʋautta:]
alergia (f)	allergia	[allergia]
asma (f)	astma	[astma]
diabetes (f)	diabetes	[diabetes]
dor (f) de dente	hammassärky	[hammas·særky]
cárie (f)	hammasmätä	[hammas·mætæ]
diarreia (f)	ripuli	[ripuli]
prisão (f) de ventre	ummetus	[ummetus]
desarranjo (m) intestinal	vatsavaiva	[ʋatsa·ʋajʋa]
intoxicação (f) alimentar	ruokamyrkytys	[ruoka·myrkytys]
intoxicar-se	myrkyttyä	[myrkyttyæ]
artrite (f)	niveltulehdus	[niʋel·tulehdus]
raquitismo (m)	riisitauti	[ri:sitati]
reumatismo (m)	reuma	[reuma]
arteriosclerose (f)	ateroskleroosi	[aterosklero:si]
gastrite (f)	mahakatarri	[maha·katarri]
apendicite (f)	umpilisäketulehdus	[umpilisæke·tulehdus]

| colecistite (f) | kolekystiitti | [kolekysti:tti] |
| úlcera (f) | haavauma | [ha:uauma] |

sarampo (m)	tuhkarokko	[tuhka·rokko]
rubéola (f)	vihurirokko	[uihuri·rokko]
icterícia (f)	keltatauti	[kelta·tauti]
hepatite (f)	hepatiitti	[hepati:tti]

esquizofrenia (f)	jakomielisyys	[jakomielisy:s]
raiva (f)	raivotauti	[rajuo·tauti]
neurose (f)	neuroosi	[neuro:si]
contusão (f) cerebral	aivotärähdys	[ajuo·tæræhdys]

câncer (m)	syöpä	[syøpæ]
esclerose (f)	skleroosi	[sklero:si]
esclerose (f) múltipla	multippeliskleroosi	[multippeli·sklero:si]

alcoolismo (m)	alkoholismi	[alkoholismi]
alcoólico (m)	alkoholisti	[alkoholisti]
sífilis (f)	kuppa, syfilis	[kuppa], [sifilis]
AIDS (f)	AIDS	[ajds]

tumor (m)	kasvain	[kasuajn]
maligno (adj)	pahanlaatuinen	[pahan·la:jtunen]
benigno (adj)	hyvänlaatuinen	[hyuænla:tunen]

febre (f)	kuume	[ku:me]
malária (f)	malaria	[malaria]
gangrena (f)	kuolio	[kuolio]
enjoo (m)	merisairaus	[meri·sajraus]
epilepsia (f)	epilepsia	[epilepsia]

epidemia (f)	epidemia	[epidemia]
tifo (m)	lavantauti	[lauan·tauti]
tuberculose (f)	tuberkuloosi	[tuberkulo:si]
cólera (f)	kolera	[kolera]
peste (f) bubônica	rutto	[rutto]

69. Sintomas. Tratamentos. Parte 1

sintoma (m)	oire	[ojre]
temperatura (f)	kuume	[ku:me]
febre (f)	korkea kuume	[korkea ku:me]
pulso (m)	pulssi, syke	[pulssi], [syke]

vertigem (f)	huimaus	[hujmaus]
quente (testa, etc.)	kuuma	[ku:ma]
calafrio (m)	vilunväristys	[uilun·uæristys]
pálido (adj)	kalpea	[kalpea]

tosse (f)	yskä	[yskæ]
tossir (vi)	yskiä	[yskiæ]
espirrar (vi)	aivastella	[ajuastella]
desmaio (m)	pyörtyminen	[pyørtyminen]

desmaiar (vi)	pyörtyä	[pyørtyæ]
mancha (f) preta	mustelma	[mustelma]
galo (m)	kuhmu	[kuhmu]
machucar-se (vr)	loukkaantua	[loukka:ntua]
contusão (f)	ruhje	[ruhje]
machucar-se (vr)	loukkaantua	[loukka:ntua]
mancar (vi)	ontua	[ontua]
deslocamento (f)	sijoiltaanmeno	[sijoilta:nmeno]
deslocar (vt)	siirtää sijoiltaan	[si:rtæ: sijoilta:n]
fratura (f)	murtuma	[murtuma]
fraturar (vt)	saada murtuma	[sa:da murtuma]
corte (m)	leikkaushaava	[lejkkaus·ha:ʋa]
cortar-se (vr)	leikata	[lejkata]
hemorragia (f)	verenvuoto	[ʋeren·ʋuoto]
queimadura (f)	palohaava	[palo·ha:ʋa]
queimar-se (vr)	polttaa itse	[poltta: itse]
picar (vt)	pistää	[pistæ:]
picar-se (vr)	pistää itseä	[pistæ: itseæ]
lesionar (vt)	vahingoittaa	[ʋahiŋojtta:]
lesão (m)	vamma, vaurio	[ʋamma], [ʋaurio]
ferida (f), ferimento (m)	haava	[ha:ʋa]
trauma (m)	trauma, vamma	[trauma], [ʋamma]
delirar (vi)	hourailla	[hourajlla]
gaguejar (vi)	änkyttää	[æŋkyttæ:]
insolação (f)	auringonpistos	[auriŋon·pistos]

70. Sintomas. Tratamentos. Parte 2

dor (f)	kipu	[kipu]
farpa (no dedo, etc.)	tikku	[tikku]
suor (m)	hiki	[hiki]
suar (vi)	hikoilla	[hikojlla]
vômito (m)	oksennus	[oksennus]
convulsões (f pl)	kouristukset	[kouristukset]
grávida (adj)	raskaana oleva	[raska:na oleʋa]
nascer (vi)	syntyä	[syntyæ]
parto (m)	synnytys	[synnytys]
dar à luz	synnyttää	[synnyttæ:]
aborto (m)	raskaudenkeskeytys	[raskauden·keskeytys]
respiração (f)	hengitys	[heŋitys]
inspiração (f)	sisäänhengitys	[sisæ:n·heŋitys]
expiração (f)	uloshengitys	[ulos·heŋitys]
expirar (vi)	hengittää ulos	[heŋittæ: ulos]
inspirar (vi)	hengittää sisään	[hengittæ: sisæ:n]
inválido (m)	invalidi	[inʋalidi]
aleijado (m)	rampa	[rampa]

drogado (m)	narkomaani	[narkomɑ:ni]
surdo (adj)	kuuro	[ku:ro]
mudo (adj)	mykkä	[mykkæ]
surdo-mudo (adj)	kuuromykkä	[ku:ro·mykkæ]

louco, insano (adj)	mielenvikainen	[mielen·ʋikɑjnen]
louco (m)	hullu	[hullu]
louca (f)	hullu	[hullu]
ficar louco	tulla hulluksi	[tulla hulluksi]

gene (m)	geeni	[ge:ni]
imunidade (f)	immuniteetti	[immunite:tti]
hereditário (adj)	perintö-	[perintø]
congênito (adj)	synnynnäinen	[synnynnæjnen]

vírus (m)	virus	[ʋirus]
micróbio (m)	mikrobi	[mikrobi]
bactéria (f)	bakteeri	[bakte:ri]
infecção (f)	infektio, tartunta	[infektio], [tartunta]

71. Sintomas. Tratamentos. Parte 3

hospital (m)	sairaala	[sɑjrɑ:la]
paciente (m)	potilas	[potilas]

diagnóstico (m)	diagnoosi	[diagno:si]
cura (f)	lääkintä	[læ:kintæ]
tratamento (m) médico	hoito	[hojto]
curar-se (vr)	saada hoitoa	[sɑ:da hojtoa]
tratar (vt)	hoitaa	[hojta:]
cuidar (pessoa)	hoitaa	[hojta:]
cuidado (m)	hoito	[hojto]

operação (f)	leikkaus	[lejkkaus]
enfaixar (vt)	sitoa	[sitoa]
enfaixamento (m)	sidonta	[sidonta]

vacinação (f)	rokotus	[rokotus]
vacinar (vt)	rokottaa	[rokotta:]
injeção (f)	injektio	[injektio]
dar uma injeção	tehdä pisto	[tehdæ pisto]

ataque (~ de asma, etc.)	kohtaus	[kohtaus]
amputação (f)	amputaatio	[amputa:tio]
amputar (vt)	amputoida	[amputojda]
coma (f)	kooma	[ko:ma]
estar em coma	olla koomassa	[olla ko:massa]
reanimação (f)	teho-osasto	[teho·osasto]

recuperar-se (vr)	parantua	[parantua]
estado (~ de saúde)	terveydentila	[terʋeyden·tila]
consciência (perder a ~)	tajunta	[tajunta]
memória (f)	muisti	[mujsti]
tirar (vt)	poistaa	[pojsta:]

| obturação (f) | paikka | [pajkka] |
| obturar (vt) | paikata | [pajkata] |

| hipnose (f) | hypnoosi | [hypno:si] |
| hipnotizar (vt) | hypnotisoida | [hypnotisojda] |

72. Médicos

médico (m)	lääkäri	[læ:kæri]
enfermeira (f)	sairaanhoitaja	[sajra:n·hojtaja]
médico (m) pessoal	omalääkäri	[oma·læ:kæri]

dentista (m)	hammaslääkäri	[hammas·læ:kæri]
oculista (m)	silmälääkäri	[silmæ·læ:kæri]
terapeuta (m)	sisätautilääkäri	[sisætauti·læ:kæri]
cirurgião (m)	kirurgi	[kirurgi]

psiquiatra (m)	psykiatri	[psykiatri]
pediatra (m)	lastenlääkäri	[lasten·læ:kæri]
psicólogo (m)	psykologi	[psykologi]
ginecologista (m)	naistentautilääkäri	[najstentauti·læ:kæri]
cardiologista (m)	kardiologi	[kardiologi]

73. Medicina. Drogas. Acessórios

medicamento (m)	lääke	[læ:ke]
remédio (m)	lääke	[læ:ke]
receitar (vt)	määrätä	[mæ:rætæ]
receita (f)	resepti	[resepti]

comprimido (m)	tabletti	[tabletti]
unguento (m)	voide	[vojde]
ampola (f)	ampulli	[ampulli]
solução, preparado (m)	liuos	[liuos]
xarope (m)	siirappi	[si:rappi]
cápsula (f)	pilleri	[pilleri]
pó (m)	jauhe	[jauhe]

atadura (f)	side	[side]
algodão (m)	vanu	[vanu]
iodo (m)	jodi	[jodi]

curativo (m) adesivo	laastari	[la:stari]
conta-gotas (m)	pipetti	[pipetti]
termômetro (m)	kuumemittari	[ku:me·mittari]
seringa (f)	ruisku	[rujsku]

| cadeira (f) de rodas | pyörätuoli | [pyøræ·tuoli] |
| muletas (f pl) | kainalosauvat | [kajnalo·sauvat] |

| analgésico (m) | puudutusaine | [pu:dutus·ajne] |
| laxante (m) | ulostuslääke | [ulostus·læ:ke] |

álcool (m)	sprii	[spri:]
ervas (f pl) medicinais	lääkeyrtti	[læ:ke·yrtti]
de ervas (chá ~)	yrtti-	[yrtti]

74. Fumar. Produtos tabágicos

tabaco (m)	tupakka	[tupɑkkɑ]
cigarro (m)	savuke	[sɑʋuke]
charuto (m)	sikari	[sikɑri]
cachimbo (m)	piippu	[pi:ppu]
maço (~ de cigarros)	aski	[ɑski]

fósforos (m pl)	tulitikut	[tuli·tikut]
caixa (f) de fósforos	tulitikkurasia	[tulitikku·rɑsiɑ]
isqueiro (m)	sytytin	[sytytin]
cinzeiro (m)	tuhkakuppi	[tuhkɑ·kuppi]
cigarreira (f)	savukekotelo	[sɑʋuke·kotelo]

| piteira (f) | imuke | [imuke] |
| filtro (m) | suodatin | [suodɑtin] |

fumar (vi, vt)	tupakoida	[tupɑkojdɑ]
acender um cigarro	sytyttää	[sytyttæ:]
tabagismo (m)	tupakanpoltto	[tupɑkɑn·poltto]
fumante (m)	tupakanpolttaja	[tupɑkɑn·polttɑjɑ]

bituca (f)	tumppi	[tumppi]
fumaça (f)	savu	[sɑʋu]
cinza (f)	tuhka	[tuhkɑ]

HABITAT HUMANO

Cidade

75. Cidade. Vida na cidade

cidade (f)	kaupunki	[kɑupuŋki]
capital (f)	pääkaupunki	[pæːkɑupuŋki]
aldeia (f)	kylä	[kylæ]
mapa (m) da cidade	asemakaava	[ɑsemɑˑkɑːʋɑ]
centro (m) da cidade	keskusta	[keskustɑ]
subúrbio (m)	esikaupunki	[esikɑupuŋki]
suburbano (adj)	esikaupunki-	[esikɑupuŋki]
periferia (f)	laitakaupunginosa	[lɑjtɑˑkɑupunginosɑ]
arredores (m pl)	ympäristö	[ympæristø]
quarteirão (m)	kortteli	[kortteli]
quarteirão (m) residencial	asuinkortteli	[ɑsujŋˑkortteli]
tráfego (m)	liikenne	[liːkenne]
semáforo (m)	liikennevalot	[liːkenneˑʋɑlot]
transporte (m) público	julkiset kulkuvälineet	[julkiset kulkuʋæːlineːt]
cruzamento (m)	risteys	[risteys]
faixa (f)	suojatie	[suojɑtæ]
túnel (m) subterrâneo	alikäytävä	[ɑliˑkæytæʋæ]
cruzar, atravessar (vt)	ylittää	[ylittæː]
pedestre (m)	jalankulkija	[jɑlɑŋkulkijɑ]
calçada (f)	jalkakäytävä	[jɑlkɑˑkæytæʋæ]
ponte (f)	silta	[siltɑ]
margem (f) do rio	rantakatu	[rɑntɑˑkɑtu]
fonte (f)	suihkulähde	[sujhkuˑlæhde]
alameda (f)	lehtikuja	[lehtiˑkujɑ]
parque (m)	puisto	[pujsto]
bulevar (m)	bulevardi	[buleʋɑrdi]
praça (f)	aukio	[ɑukio]
avenida (f)	valtakatu	[ʋɑltɑˑkɑtu]
rua (f)	katu	[kɑtu]
travessa (f)	kuja	[kujɑ]
beco (m) sem saída	umpikuja	[umpikujɑ]
casa (f)	talo	[tɑlo]
edifício, prédio (m)	rakennus	[rɑkennus]
arranha-céu (m)	pilvenpiirtäjä	[pilʋenˑpiːrtæjæ]
fachada (f)	julkisivu	[julkiˑsiʋu]
telhado (m)	katto	[kɑtto]

janela (f)	ikkuna	[ikkunɑ]
arco (m)	kaari	[kɑːri]
coluna (f)	pylväs	[pylʋæs]
esquina (f)	kulma	[kulmɑ]

vitrine (f)	näyteikkuna	[næyte·ikkunɑ]
letreiro (m)	kauppakyltti	[kɑuppɑ·kyltti]
cartaz (do filme, etc.)	juliste	[juliste]
cartaz (m) publicitário	mainosjuliste	[mɑjnos·juliste]
painel (m) publicitário	mainoskilpi	[mɑjnos·kilpi]

lixo (m)	jäte	[jæte]
lata (f) de lixo	roskis	[roskis]
jogar lixo na rua	roskata	[roskɑtɑ]
aterro (m) sanitário	kaatopaikka	[kɑːto·pɑjkkɑ]

orelhão (m)	puhelinkoppi	[puɦeliŋ·koppi]
poste (m) de luz	lyhtypylväs	[lyhty·pylʋæs]
banco (m)	penkki	[peŋkki]

polícia (m)	poliisi	[poliːsi]
polícia (instituição)	poliisi	[poliːsi]
mendigo, pedinte (m)	kerjäläinen	[kerjælæjnen]
desabrigado (m)	koditon	[koditon]

76. Instituições urbanas

loja (f)	kauppa	[kɑuppɑ]
drogaria (f)	apteekki	[ɑpteːkki]
ótica (f)	optiikka	[optiːkkɑ]
centro (m) comercial	kauppakeskus	[kɑuppɑ·keskus]
supermercado (m)	supermarketti	[super·mɑrketti]

padaria (f)	leipäkauppa	[lejpæ·kɑuppɑ]
padeiro (m)	leipuri	[lejpuri]
pastelaria (f)	konditoria	[konditoriɑ]
mercearia (f)	sekatavarakauppa	[sekɑtɑʋɑrɑ·kɑuppɑ]
açougue (m)	lihakauppa	[liɦɑ·kɑuppɑ]

fruteira (f)	vihanneskauppa	[ʋiɦɑnnes·kɑuppɑ]
mercado (m)	kauppatori	[kɑuppɑ·tori]

cafeteria (f)	kahvila	[kɑhʋilɑ]
restaurante (m)	ravintola	[rɑʋintolɑ]
bar (m)	pubi	[pubi]
pizzaria (f)	pizzeria	[pitseriɑ]

salão (m) de cabeleireiro	parturinliike	[pɑrturin·liːke]
agência (f) dos correios	posti	[posti]
lavanderia (f)	kemiallinen pesu	[kemiɑllinen pesu]
estúdio (m) fotográfico	valokuvastudio	[ʋɑlokuʋɑ·studio]

sapataria (f)	kenkäkauppa	[keŋkæ·kɑuppɑ]
livraria (f)	kirjakauppa	[kirjɑ·kɑuppɑ]

loja (f) de artigos esportivos	urheilukauppa	[urhejlu·kauppa]
costureira (m)	vaatteiden korjaus	[ʋa:ttejden korjaus]
aluguel (m) de roupa	vaate vuokralle	[ʋa:te ʋuokralle]
videolocadora (f)	elokuvien vuokra	[elokuʋien ʋuokra]

circo (m)	sirkus	[sirkus]
jardim (m) zoológico	eläintarha	[elæjn·tarha]
cinema (m)	elokuvateatteri	[elokuʋa·teatteri]
museu (m)	museo	[museo]
biblioteca (f)	kirjasto	[kirjasto]

teatro (m)	teatteri	[teatteri]
ópera (f)	ooppera	[o:ppera]
boate (casa noturna)	yökerho	[yø·kerho]
cassino (m)	kasino	[kasino]

mesquita (f)	moskeija	[moskeja]
sinagoga (f)	synagoga	[synagoga]
catedral (f)	tuomiokirkko	[tuomio·kirkko]
templo (m)	temppeli	[temppeli]
igreja (f)	kirkko	[kirkko]

faculdade (f)	instituutti	[institu:tti]
universidade (f)	yliopisto	[yli·opisto]
escola (f)	koulu	[koulu]

prefeitura (f)	prefektuuri	[prefektu:ri]
câmara (f) municipal	kaupunginhallitus	[kaupuŋin·hallitus]
hotel (m)	hotelli	[hotelli]
banco (m)	pankki	[paŋkki]

embaixada (f)	suurlähetystö	[su:r·læɦetystø]
agência (f) de viagens	matkatoimisto	[matka·tojmisto]
agência (f) de informações	neuvontatoimisto	[neuʋonta·tojmisto]
casa (f) de câmbio	valuutanvaihtotoimisto	[ʋalu:tan·ʋajhto·tojmisto]

metrô (m)	metro	[metro]
hospital (m)	sairaala	[sajra:la]

posto (m) de gasolina	bensiiniasema	[bensi:ni·asema]
parque (m) de estacionamento	parkkipaikka	[parkki·pajkka]

77. Transportes urbanos

ônibus (m)	bussi	[bussi]
bonde (m) elétrico	raitiovaunu	[rajtio·ʋaunu]
trólebus (m)	johdinauto	[johdin·auto]
rota (f), itinerário (m)	reitti	[rejtti]
número (m)	numero	[numero]

ir de ... (carro, etc.)	mennä ...	[mennæ]
entrar no ...	nousta	[nousta]
descer do ...	astua ulos	[astua ulos]
parada (f)	pysäkki	[pysækki]

próxima parada (f)	seuraava pysäkki	[seura:ʋa pysækki]
terminal (m)	pääteasema	[pæ:teasema]
horário (m)	aikataulu	[ajka·taulu]
esperar (vt)	odottaa	[odotta:]

| passagem (f) | lippu | [lippu] |
| tarifa (f) | kyytimaksu | [ky:ti·maksu] |

bilheteiro (m)	kassanhoitaja	[kassan·hojtaja]
controle (m) de passagens	tarkastus	[tarkastus]
revisor (m)	tarkastaja	[tarkastaja]

atrasar-se (vr)	myöhästyä	[myøhæstyæ]
perder (o autocarro, etc.)	myöhästyä	[myøhæstyæ]
estar com pressa	olla kiire	[olla ki:re]

táxi (m)	taksi	[taksi]
taxista (m)	taksinkuljettaja	[taksiŋ·kuljettaja]
de táxi (ir ~)	taksilla	[taksilla]
ponto (m) de táxis	taksiasema	[taksi·asema]
chamar um táxi	tilata taksi	[tilata taksi]
pegar um táxi	ottaa taksi	[otta: taksi]

tráfego (m)	liikenne	[li:kenne]
engarrafamento (m)	ruuhka	[ru:hka]
horas (f pl) de pico	ruuhka-aika	[ru:hka·ajka]
estacionar (vi)	pysäköidä	[pysækøjdæ]
estacionar (vt)	pysäköidä	[pysækøjdæ]
parque (m) de estacionamento	parkkipaikka	[parkki·pajkka]

metrô (m)	metro	[metro]
estação (f)	asema	[asema]
ir de metrô	mennä metrolla	[mennæ metrollla]
trem (m)	juna	[juna]
estação (f) de trem	rautatieasema	[rautatie·asema]

78. Turismo

monumento (m)	patsas	[patsas]
fortaleza (f)	linna	[linna]
palácio (m)	palatsi	[palatsi]
castelo (m)	linna	[linna]
torre (f)	torni	[torni]
mausoléu (m)	mausoleumi	[mausoleumi]

arquitetura (f)	arkkitehtuuri	[arkkitehtu:ri]
medieval (adj)	keskiaikainen	[keskiajkajnen]
antigo (adj)	vanha	[ʋanha]
nacional (adj)	kansallinen	[kansallinen]
famoso, conhecido (adj)	tunnettu	[tunnettu]

turista (m)	matkailija	[matkajlija]
guia (pessoa)	opas	[opas]
excursão (f)	ekskursio, retki	[ekskursio], [retki]

mostrar (vt)	näyttää	[næyttæ:]
contar (vt)	kertoa	[kertoa]

encontrar (vt)	löytää	[løytæ:]
perder-se (vr)	hävitä	[hæʋitæ]
mapa (~ do metrô)	reittikartta	[rejtti·kartta]
mapa (~ da cidade)	asemakaava	[asema·ka:ʋa]

lembrança (f), presente (m)	matkamuisto	[matka·mujsto]
loja (f) de presentes	matkamuistokauppa	[matka·mujsto·kauppa]
tirar fotos, fotografar	valokuvata	[ʋalokuʋata]
fotografar-se (vr)	valokuvauttaa itsensä	[ʋalokuʋautta: itsensæ]

79. Compras

comprar (vt)	ostaa	[osta:]
compra (f)	ostos	[ostos]
fazer compras	käydä ostoksilla	[kæydæ ostoksilla]
compras (f pl)	shoppailu	[ʃoppajlu]

estar aberta (loja)	toimia	[tojmia]
estar fechada	olla kiinni	[olla ki:nni]

calçado (m)	jalkineet	[jalkine:t]
roupa (f)	vaatteet	[ʋa:tte:t]
cosméticos (m pl)	kosmetiikka	[kosmeti:kka]
alimentos (m pl)	ruokatavarat	[ruoka·taʋarat]
presente (m)	lahja	[lahja]

vendedor (m)	myyjä	[my:jæ]
vendedora (f)	myyjätär	[my:jætær]

caixa (f)	kassa	[kassa]
espelho (m)	peili	[pejli]
balcão (m)	tiski	[tiski]
provador (m)	sovitushuone	[soʋitus·huone]

provar (vt)	sovittaa	[soʋitta:]
servir (roupa, caber)	sopia	[sopia]
gostar (apreciar)	pitää, tykätä	[pitæ:], [tykætæ]

preço (m)	hinta	[hinta]
etiqueta (f) de preço	hintalappu	[hinta·lappu]
custar (vt)	maksaa	[maksa:]
Quanto?	Kuinka paljon?	[kujŋka paljon]
desconto (m)	alennus	[alennus]

não caro (adj)	halpa	[halpa]
barato (adj)	halpa	[halpa]
caro (adj)	kallis	[kallis]
É caro	Se on kallista	[se on kallista]

aluguel (m)	vuokra	[ʋuokra]
alugar (roupas, etc.)	vuokrata	[ʋuokrata]

crédito (m)	luotto	[luotto]
a crédito	luotolla	[luotolla]

80. Dinheiro

dinheiro (m)	raha, rahat	[raɦa], [raɦat]
câmbio (m)	valuutanvaihto	[ʋalu:tan·ʋajhto]
taxa (f) de câmbio	kurssi	[kurssi]
caixa (m) eletrônico	pankkiautomaatti	[paŋkki·automa:tti]
moeda (f)	kolikko	[kolikko]

dólar (m)	dollari	[dollari]
euro (m)	euro	[euro]

lira (f)	liira	[li:ra]
marco (m)	markka	[markka]
franco (m)	frangi	[fraŋi]
libra (f) esterlina	punta	[punta]
iene (m)	jeni	[jeni]

dívida (f)	velka	[ʋelka]
devedor (m)	velallinen	[ʋelallinen]
emprestar (vt)	lainata jollekulle	[lajnata jolekulle]
pedir emprestado	lainata joltakulta	[lajnata joltakulta]

banco (m)	pankki	[paŋkki]
conta (f)	tili	[tili]
depositar (vt)	tallettaa	[talletta:]
depositar na conta	tallettaa rahaa tilille	[talletta: raɦa: tilille]
sacar (vt)	nostaa rahaa tililtä	[nosta: raɦa: tililta]

cartão (m) de crédito	luottokortti	[luotto·kortti]
dinheiro (m) vivo	käteinen	[kætejnen]
cheque (m)	sekki	[sekki]
passar um cheque	kirjoittaa shekki	[kirjoitta: ʃekki]
talão (m) de cheques	sekkivihko	[sekki·ʋihko]

carteira (f)	lompakko	[lompakko]
niqueleira (f)	kukkaro	[kukkaro]
cofre (m)	kassakaappi	[kassa·ka:ppi]

herdeiro (m)	perillinen	[perillinen]
herança (f)	perintö	[perintø]
fortuna (riqueza)	varallisuus	[ʋarallisu:s]

arrendamento (m)	vuokraus	[ʋuokraus]
aluguel (pagar o ~)	asuntovuokra	[asunto·ʋuokra]
alugar (vt)	vuokrata	[ʋuokrata]

preço (m)	hinta	[hinta]
custo (m)	hinta	[hinta]
soma (f)	summa	[summa]
gastar (vt)	kuluttaa	[kulutta:]
gastos (m pl)	kulut	[kulut]

| economizar (vi) | säästäväisesti | [sæ:stæʋæjsesti] |
| econômico (adj) | säästäväinen | [sæ:stæʋæjnen] |

pagar (vt)	maksaa	[mɑksɑ:]
pagamento (m)	maksu	[mɑksu]
troco (m)	vaihtoraha	[ʋɑjhto·rɑɦɑ]

imposto (m)	vero	[ʋero]
multa (f)	sakko	[sɑkko]
multar (vt)	sakottaa	[sɑkottɑ:]

81. Correios. Serviço postal

agência (f) dos correios	posti	[posti]
correio (m)	posti	[posti]
carteiro (m)	postinkantaja	[postiŋ·kantaja]
horário (m)	virka-aika	[ʋirkɑ·ɑjkɑ]

carta (f)	kirje	[kirje]
carta (f) registada	kirjattu kirje	[kirjɑttu kirje]
cartão (m) postal	postikortti	[posti·kortti]
telegrama (m)	sähke	[sæhke]
encomenda (f)	paketti	[pɑketti]
transferência (f) de dinheiro	rahalähetys	[rɑɦɑ·læɦetys]

receber (vt)	vastaanottaa	[ʋɑstɑ:nottɑ:]
enviar (vt)	lähettää	[læɦettæ:]
envio (m)	lähettäminen	[læɦettæminen]

endereço (m)	osoite	[osojte]
código (m) postal	postinumero	[posti·numero]
remetente (m)	lähettäjä	[læɦettæjæ]
destinatário (m)	saaja, vastaanottaja	[sɑ:jɑ], [ʋɑstɑ:nottɑjɑ]

| nome (m) | nimi | [nimi] |
| sobrenome (m) | sukunimi | [suku·nimi] |

tarifa (f)	hinta, tariffi	[hintɑ], [tɑriffi]
ordinário (adj)	tavallinen	[tɑʋɑllinen]
econômico (adj)	edullinen	[edullinen]

peso (m)	paino	[pɑjno]
pesar (estabelecer o peso)	punnita	[punnitɑ]
envelope (m)	kirjekuori	[kirje·kuori]
selo (m) postal	postimerkki	[posti·merkki]
colar o selo	liimata postimerkki	[li:mɑtɑ posti·merkki]

Moradia. Casa. Lar

82. Casa. Habitação

casa (f)	koti	[koti]
em casa	kotona	[kotona]
pátio (m), quintal (f)	piha	[piha]
cerca, grade (f)	aita	[ajta]
tijolo (m)	tiili	[tiːli]
de tijolos	tiili-, tiilinen	[tiːli], [tiːlinen]
pedra (f)	kivi	[kiʋi]
de pedra	kivi-, kivinen	[kiʋi], [kiʋinen]
concreto (m)	betoni	[betoni]
concreto (adj)	betoninen	[betoninen]
novo (adj)	uusi	[uːsi]
velho (adj)	vanha	[ʋɑnha]
decrépito (adj)	ränsistynyt	[rænsistynyt]
moderno (adj)	nykyaikainen	[nykyɑjkɑjnen]
de vários andares	monikerroksinen	[moni·kerroksinen]
alto (adj)	korkea	[korkeɑ]
andar (m)	kerros	[kerros]
de um andar	yksikerroksinen	[yksi·kerroksinen]
térreo (m)	alakerta	[ɑlɑkertɑ]
andar (m) de cima	yläkerta	[ylæ·kertɑ]
telhado (m)	katto	[kɑtto]
chaminé (f)	savupiippu	[sɑʋu·piːppu]
telha (f)	kattotiili	[kɑtto·tiːli]
de telha	kattotiili-	[kɑtto·tiːli]
sótão (m)	ullakko	[ullɑkko]
janela (f)	ikkuna	[ikkunɑ]
vidro (m)	lasi	[lɑsi]
parapeito (m)	ikkunalauta	[ikkunɑ·lɑutɑ]
persianas (f pl)	ikkunaluukut	[ikkunɑ·luːkut]
parede (f)	seinä	[sejnæ]
varanda (f)	parveke	[pɑrʋeke]
calha (f)	syöksytorvi	[syøksy·torʋi]
em cima	ylhäällä	[ylhæːllæ]
subir (vi)	nousta	[noustɑ]
descer (vi)	laskeutua	[lɑskeutuɑ]
mudar-se (vr)	muuttaa	[muːttɑː]

83. Casa. Entrada. Elevador

entrada (f)	sisäänkäynti	[sisæ:n·kæynti]
escada (f)	portaat	[porta:t]
degraus (m pl)	askelmat	[askelmat]
corrimão (m)	kaiteet	[kajte:t]
hall (m) de entrada	halli	[halli]
caixa (f) de correio	postilaatikko	[postila:tikko]
lata (f) do lixo	roskis	[roskis]
calha (f) de lixo	roskakuilu	[roska·kujlu]
elevador (m)	hissi	[hissi]
elevador (m) de carga	tavarahissi	[tavara·hissi]
cabine (f)	hissikori	[hissi·kori]
pegar o elevador	mennä hissillä	[mennæ hissillæ]
apartamento (m)	asunto	[asunto]
residentes (pl)	asukkaat	[asukka:t]
vizinho (m)	naapuri	[na:puri]
vizinha (f)	naapuri	[na:puri]
vizinhos (pl)	naapurit	[na:purit]

84. Casa. Portas. Fechaduras

porta (f)	ovi	[ovi]
portão (m)	portti	[portti]
maçaneta (f)	kahva	[kahva]
destrancar (vt)	avata lukko	[avata lukko]
abrir (vt)	avata	[avata]
fechar (vt)	sulkea	[sulkea]
chave (f)	avain	[avajn]
molho (m)	nippu	[nippu]
ranger (vi)	narista	[narista]
rangido (m)	narina	[narina]
dobradiça (f)	sarana	[sarana]
capacho (m)	matto	[matto]
fechadura (f)	lukko	[lukko]
buraco (m) da fechadura	avaimenreikä	[avajmen·rejkæ]
barra (f)	salpa	[salpa]
fecho (ferrolho pequeno)	työntösalpa	[tyøntø·salpa]
cadeado (m)	munalukko	[muna·lukko]
tocar (vt)	soittaa	[sojtta:]
toque (m)	soitto	[sojtto]
campainha (f)	ovikello	[ovi·kello]
botão (m)	painike	[pajnike]
batida (f)	koputus	[koputus]
bater (vi)	koputtaa	[koputta:]
código (m)	koodi	[ko:di]
fechadura (f) de código	numerolukko	[numero·lukko]

interfone (m)	ovipuhelin	[oui·puĥelin]
número (m)	numero	[numero]
placa (f) de porta	ovikyltti	[oui·kyltti]
olho (m) mágico	ovisilmä	[oui·silmæ]

85. Casa de campo

| aldeia (f) | kylä | [kylæ] |
| horta (f) | kasvimaa | [kasuima:] |

cerca (f)	aita	[ajta]
cerca (f) de piquete	säleaita	[sæle·ajta]
portão (f) do jardim	portti	[portti]

celeiro (m)	aitta	[ajtta]
adega (f)	kellari	[kellari]
galpão, barracão (m)	vaja	[uaja]
poço (m)	kaivo	[kajuo]

| fogão (m) | uuni | [u:ni] |
| atiçar o fogo | lämmittää | [læmmittæ:] |

| lenha (carvão ou ~) | polttopuu | [poltto·pu:] |
| acha, lenha (f) | halko | [halko] |

varanda (f)	veranta	[ueranta]
alpendre (m)	terassi	[terassi]
degraus (m pl) de entrada	kuisti	[kujsti]
balanço (m)	keinu	[kejnu]

86. Castelo. Palácio

castelo (m)	linna	[linna]
palácio (m)	palatsi	[palatsi]
fortaleza (f)	linna	[linna]

muralha (f)	muuri	[mu:ri]
torre (f)	torni	[torni]
calabouço (m)	keskustorni	[keskus·torni]

grade (f) levadiça	nostoportti	[nosto·portti]
passagem (f) subterrânea	maanalainen tunneli	[ma:nalajnen tunneli]
fosso (m)	vallihauta	[ualli·ĥauta]

| corrente, cadeia (f) | ketju | [ketju] |
| seteira (f) | ampuma-aukko | [ampuma·aukko] |

| magnífico (adj) | upea | [upea] |
| majestoso (adj) | majesteetillinen | [majeste:tillinen] |

| inexpugnável (adj) | läpäisemätön | [læpæjsemætøn] |
| medieval (adj) | keskiaikainen | [keskiajkajnen] |

87. Apartamento

apartamento (m)	asunto	[asunto]
quarto, cômodo (m)	huone	[huone]
quarto (m) de dormir	makuuhuone	[maku:huone]
sala (f) de jantar	ruokailuhuone	[ruokajlu·huone]
sala (f) de estar	vierashuone	[ʋieras·huone]
escritório (m)	työhuone	[tyø·huone]
sala (f) de entrada	eteinen	[etejnen]
banheiro (m)	kylpyhuone	[kylpy·ɦuone]
lavabo (m)	vessa	[ʋessa]
teto (m)	sisäkatto	[sisæ·katto]
chão, piso (m)	lattia	[lattia]
canto (m)	nurkka	[nurkka]

88. Apartamento. Limpeza

arrumar, limpar (vt)	siivota	[si:ʋota]
guardar (no armário, etc.)	korjata pois	[korjata pojs]
pó (m)	pöly	[pøly]
empoeirado (adj)	pölyinen	[pølyjnen]
tirar o pó	pyyhkiä pölyt	[py:hkiæ pølyt]
aspirador (m)	pölynimuri	[pølyn·imuri]
aspirar (vt)	imuroida	[imurojda]
varrer (vt)	lakaista	[lakajsta]
sujeira (f)	roska	[roska]
arrumação, ordem (f)	kunto	[kunto]
desordem (f)	epäjärjestys	[epæjærjestys]
esfregão (m)	lattiaharja	[lattia·harja]
pano (m), trapo (m)	rätti	[rætti]
vassoura (f)	luuta	[lu:ta]
pá (f) de lixo	rikkalapio	[rikka·lapio]

89. Mobiliário. Interior

mobiliário (m)	huonekalut	[huone·kalut]
mesa (f)	pöytä	[pøytæ]
cadeira (f)	tuoli	[tuoli]
cama (f)	sänky	[sæŋky]
sofá, divã (m)	sohva	[sohʋa]
poltrona (f)	nojatuoli	[noja·tuoli]
estante (f)	kaappi	[ka:ppi]
prateleira (f)	hylly	[hylly]
guarda-roupas (m)	vaatekaappi	[ʋa:te·ka:ppi]
cabide (m) de parede	ripustin	[ripustin]

cabideiro (m) de pé	naulakko	[naulakko]
cômoda (f)	lipasto	[lipasto]
mesinha (f) de centro	sohvapöytä	[sohʋɑ·pøjtæ]

espelho (m)	peili	[pejli]
tapete (m)	matto	[matto]
tapete (m) pequeno	pieni matto	[pjeni matto]

lareira (f)	takka	[takka]
vela (f)	kynttilä	[kynttilæ]
castiçal (m)	kynttilänjalka	[kynttilæn·jɑlkɑ]

cortinas (f pl)	kaihtimet	[kajhtimet]
papel (m) de parede	tapetit	[tɑpetit]
persianas (f pl)	rullaverhot	[rulle·ʋerhot]

luminária (f) de mesa	pöytälamppu	[pøytæ·lɑmppu]
luminária (f) de parede	seinävalaisin	[sejnɑ·ʋɑlɑjsin]
abajur (m) de pé	lattialamppu	[lɑttiɑ·lɑmppu]
lustre (m)	kattokruunu	[kɑtto·kru:nu]

pé (de mesa, etc.)	jalka	[jɑlkɑ]
braço, descanso (m)	käsinoja	[kæsi·nojɑ]
costas (f pl)	selkänoja	[selkænojɑ]
gaveta (f)	vetolaatikko	[ʋeto·lɑ:tikko]

90. Quarto de dormir

roupa (f) de cama	vuodevaatteet	[ʋuode·ʋɑ:tte:t]
travesseiro (m)	tyyny	[ty:ny]
fronha (f)	tyynyliina	[ty:ny·li:nɑ]
cobertor (m)	peitto, täkki	[pejte], [tækki]
lençol (m)	lakana	[lɑkɑnɑ]
colcha (f)	peite	[pejte]

91. Cozinha

cozinha (f)	keittiö	[kejttiø]
gás (m)	kaasu	[kɑ:su]
fogão (m) a gás	kaasuliesi	[kɑ:su·liesi]
fogão (m) elétrico	sähköhella	[sæhkø·hellɑ]
forno (m)	paistinuuni	[pɑjstin·u:ni]
forno (m) de micro-ondas	mikroaaltouuni	[mikro·ɑ:ltou·u:ni]

geladeira (f)	jääkaappi	[jæ:kɑ:ppi]
congelador (m)	pakastin	[pɑkɑstin]
máquina (f) de lavar louça	astianpesukone	[ɑstiɑn·pesu·kone]

moedor (m) de carne	lihamylly	[liɦɑ·mylly]
espremedor (m)	mehunpuristin	[meɦun·puristin]
torradeira (f)	leivänpaahdin	[lejʋæn·pɑ:hdin]
batedeira (f)	sekoitin	[sekojtin]

83

máquina (f) de café	kahvinkeitin	[kɑhʋiŋ·kejtin]
cafeteira (f)	kahvipannu	[kɑhʋi·pɑnnu]
moedor (m) de café	kahvimylly	[kɑhʋi·mylly]

chaleira (f)	teepannu	[te:pɑnnu]
bule (m)	teekannu	[te:kɑnnu]
tampa (f)	kansi	[kɑnsi]
coador (m) de chá	teesiivilä	[te:si:ʋilæ]

colher (f)	lusikka	[lusikkɑ]
colher (f) de chá	teelusikka	[te:lusikkɑ]
colher (f) de sopa	ruokalusikka	[ruokɑ·lusikkɑ]
garfo (m)	haarukka	[hɑ:rukkɑ]
faca (f)	veitsi	[ʋejtsi]

louça (f)	astiat	[ɑstiɑt]
prato (m)	lautanen	[lɑutanen]
pires (m)	teevati	[te:ʋɑti]

cálice (m)	shotti, snapsilasi	[shotti], [snɑpsi·lɑsi]
copo (m)	juomalasi	[juomɑ·lɑsi]
xícara (f)	kuppi	[kuppi]

açucareiro (m)	sokeriastia	[sokeri·ɑstiɑ]
saleiro (m)	suola-astia	[suolɑ·ɑstiɑ]
pimenteiro (m)	pippuriastia	[pippuri·ɑstiɑ]
manteigueira (f)	voi astia	[ʋoj ɑstiɑ]

panela (f)	kasari, kattila	[kɑsɑri], [kɑttilɑ]
frigideira (f)	pannu	[pɑnnu]
concha (f)	kauha	[kɑuĥɑ]
coador (m)	lävikkö	[læʋikkø]
bandeja (f)	tarjotin	[tɑrjotin]

garrafa (f)	pullo	[pullo]
pote (m) de vidro	lasitölkki	[lɑsi·tølkki]
lata (~ de cerveja)	purkki	[purkki]

abridor (m) de garrafa	pullonvaaja	[pullon·ɑʋɑ:jɑ]
abridor (m) de latas	purkinvaaja	[purkin·ɑʋɑ:jɑ]
saca-rolhas (m)	korkkiruuvi	[korkki·ru:ʋi]
filtro (m)	suodatin	[suodɑtin]
filtrar (vt)	suodattaa	[suodɑttɑ:]

| lixo (m) | roska, jäte | [roskɑ], [jæte] |
| lixeira (f) | roskasanko | [roskɑ·sɑŋko] |

92. Casa de banho

banheiro (m)	kylpyhuone	[kylpy·ĥuone]
água (f)	vesi	[ʋesi]
torneira (f)	hana	[hɑnɑ]
água (f) quente	kuuma vesi	[ku:mɑ ʋesi]
água (f) fria	kylmä vesi	[kylmæ ʋesi]

pasta (f) de dente	hammastahna	[hammas·tahna]
escovar os dentes	harjata hampaita	[harjata hampajta]
escova (f) de dente	hammasharja	[hammas·harja]

barbear-se (vr)	ajaa parta	[aja: parta]
espuma (f) de barbear	partavaahto	[parta·ʋa:hto]
gilete (f)	partahöylä	[parta·høylæ]

lavar (vt)	pestä	[pestæ]
tomar banho	peseytyä	[peseytyæ]
chuveiro (m), ducha (f)	suihku	[sujhku]
tomar uma ducha	käydä suihkussa	[kæydæ suihkussa]

banheira (f)	amme, kylpyamme	[amme], [kylpyamme]
vaso (m) sanitário	vessanpönttö	[ʋessan·pønttø]
pia (f)	pesuallas	[pesu·allas]

sabonete (m)	saippua	[sajppua]
saboneteira (f)	saippuakotelo	[sajppua·kotelo]

esponja (f)	pesusieni	[pesu·sieni]
xampu (m)	sampoo	[sampo:]
toalha (f)	pyyhe	[py:he]
roupão (m) de banho	kylpytakki	[kylpy·takki]

lavagem (f)	pyykkäys	[py:kkæys]
lavadora (f) de roupas	pesukone	[pesu·kone]
lavar a roupa	pestä pyykkiä	[pestæ py:kkiæ]
detergente (m)	pesujauhe	[pesu·jauhe]

93. Eletrodomésticos

televisor (m)	televisio	[teleʋisio]
gravador (m)	nauhuri	[nauhuri]
videogravador (m)	videonauhuri	[ʋideo·nauhuri]
rádio (m)	vastaanotin	[ʋasta:notin]
leitor (m)	soitin	[sojtin]

projetor (m)	projektori	[projektori]
cinema (m) em casa	kotiteatteri	[koti·teatteri]
DVD Player (m)	DVD-soitin	[deʋede·sojtin]
amplificador (m)	vahvistin	[ʋahʋistin]
console (f) de jogos	pelikonsoli	[peli·konsoli]

câmera (f) de vídeo	videokamera	[ʋideo·kamera]
máquina (f) fotográfica	kamera	[kamera]
câmera (f) digital	digitaalikamera	[digita:li·kamera]

aspirador (m)	pölynimuri	[pølyn·imuri]
ferro (m) de passar	silitysrauta	[silitys·rauta]
tábua (f) de passar	silityslauta	[silitys·lauta]

telefone (m)	puhelin	[puhelin]
celular (m)	matkapuhelin	[matka·puhelin]

máquina (f) de escrever	kirjoituskone	[kirjoitus·kone]
máquina (f) de costura	ompelukone	[ompelu·kone]
microfone (m)	mikrofoni	[mikrofoni]
fone (m) de ouvido	kuulokkeet	[ku:lokke:t]
controle remoto (m)	kaukosäädin	[kauko·sæ:din]
CD (m)	CD-levy	[sede·leʋy]
fita (f) cassete	kasetti	[kasetti]
disco (m) de vinil	levy, vinyylilevy	[leʋy], [ʋiny:li·leʋy]

94. Reparações. Renovação

renovação (f)	remontointi	[remontojnti]
renovar (vt), fazer obras	remontoida	[remontojda]
reparar (vt)	korjata	[korjata]
consertar (vt)	panna järjestykseen	[panna jærjestykse:n]
refazer (vt)	tehdä uudelleen	[tehdæ u:delle:n]
tinta (f)	maali	[mɑ:li]
pintar (vt)	maalata	[mɑ:lata]
pintor (m)	maalari	[mɑ:lari]
pincel (m)	pensseli	[pensseli]
cal (f)	kalkkimaali	[kalkki·mɑ:li]
caiar (vt)	maalata kalkkimaalilla	[mɑ:lata kalkkimɑ:lilla]
papel (m) de parede	tapetit	[tapetit]
colocar papel de parede	tapetoida	[tapetojda]
verniz (m)	lakka	[lakka]
envernizar (vt)	lakata	[lakata]

95. Canalizações

água (f)	vesi	[ʋesi]
água (f) quente	kuuma vesi	[ku:ma ʋesi]
água (f) fria	kylmä vesi	[kylmæ ʋesi]
torneira (f)	hana	[hana]
gota (f)	pisara	[pisara]
gotejar (vi)	tippua	[tippua]
vazar (vt)	vuotaa	[ʋuota:]
vazamento (m)	vuoto	[ʋuoto]
poça (f)	lätäkkö	[lætækkø]
tubo (m)	putki	[putki]
válvula (f)	venttiili	[ʋentti:li]
entupir-se (vr)	tukkeutua	[tukkeutua]
ferramentas (f pl)	työkalut	[tyø·kalut]
chave (f) inglesa	jakoavain	[jako·aʋajn]
desenroscar (vt)	kiertää irti	[kiertæ: irti]

enroscar (vt)	kiertää	[kærtæ:]
desentupir (vt)	avata	[auata]
encanador (m)	putkimies	[putkimies]
porão (m)	kellari	[kellari]
rede (f) de esgotos	viemäri	[uiemæri]

96. Fogo. Deflagração

incêndio (m)	tulipalo	tuli·palo]
chama (f)	liekki	[liekki]
faísca (f)	kipinä	[kipinæ]
fumaça (f)	savu	[sauu]
tocha (f)	soihtu	[sojhtu]
fogueira (f)	nuotio	[nuotio]

gasolina (f)	bensiini	[bensi:ni]
querosene (m)	paloöljy	[palo·øljy]
inflamável (adj)	poltto-	[poltto]
explosivo (adj)	räjähdysvaarallinen	[ræjæhdys·ua:rallinen]
PROIBIDO FUMAR!	TUPAKOINTI KIELLETTY	[tupakojnti kielletty]

segurança (f)	turvallisuus	[turuallisu:s]
perigo (m)	vaara	[ua:ra]
perigoso (adj)	vaarallinen	[ua:rallinen]

incendiar-se (vr)	syttyä	[syttyæ]
explosão (f)	räjähdys	[ræjæhdys]
incendiar (vt)	sytyttää	[sytyttæ:]
incendiário (m)	tuhopolttaja	[tuho·polttaja]
incêndio (m) criminoso	tuhopoltto	[tuho·poltto]

flamejar (vi)	liekehtiä	[liekehtiæ]
queimar (vi)	palaa	[pala:]
queimar tudo (vi)	palaa	[pala:]

bombeiro (m)	palomies	[palomies]
caminhão (m) de bombeiros	paloauto	[palo·auto]
corpo (m) de bombeiros	palokunta	[palo·kunta]
escada (f) extensível	paloauton tikkaat	[palo·auton tikka:t]

mangueira (f)	paloletku	[palo·letku]
extintor (m)	tulensammutin	[tulen·sammutin]
capacete (m)	kypärä	[kypæræ]
sirene (f)	sireeni	[sire:ni]

gritar (vi)	huutaa	[hu:ta:]
chamar por socorro	kutsua avuksi	[kutsua auuksi]
socorrista (m)	pelastaja	[pelastaja]
salvar, resgatar (vt)	pelastaa	[pelasta:]

chegar (vi)	saapua	[sa:pua]
apagar (vt)	sammuttaa	[sammutta:]
água (f)	vesi	[uesi]
areia (f)	hiekka	[hiekka]

ruínas (f pl)	rauniot	[rauniot]
ruir (vi)	romahtaa	[romahtɑ:]
desmoronar (vi)	luhistua	[luhistuɑ]
desabar (vi)	luhistua	[luhistuɑ]
fragmento (m)	pirstale	[pirstɑle]
cinza (f)	tuhka	[tuhkɑ]
sufocar (vi)	tukehtua	[tukehtuɑ]
perecer (vi)	saada surmansa	[sɑ:dɑ surmɑnsɑ]

ATIVIDADES HUMANAS

Emprego. Negócios. Parte 1

97. Banca

banco (m)	pankki	[paŋkki]
balcão (f)	osasto	[osasto]
consultor (m) bancário	neuvoja	[neuʋoja]
gerente (m)	johtaja	[johtaja]
conta (f)	tili	[tili]
número (m) da conta	tilinumero	[tili·numero]
conta (f) corrente	käyttötili	[kæyttø·tili]
conta (f) poupança	säästötili	[sæ:stø·tili]
abrir uma conta	avata tili	[aʋata tili]
fechar uma conta	kuolettaa tili	[kuoletta: tili]
depositar na conta	tallettaa rahaa tilille	[talletta: raha: tilille]
sacar (vt)	nostaa rahaa tililtä	[nosta: raha: tililta]
depósito (m)	talletus	[talletus]
fazer um depósito	tallettaa	[talletta:]
transferência (f) bancária	rahansiirto	[rahan·si:rto]
transferir (vt)	siirtää	[si:rtæ:]
soma (f)	summa	[summa]
Quanto?	paljonko	[paljoŋko]
assinatura (f)	allekirjoitus	[alle·kirjoitus]
assinar (vt)	allekirjoittaa	[allekirjoitta:]
cartão (m) de crédito	luottokortti	[luotto·kortti]
senha (f)	koodi	[ko:di]
número (m) do cartão de crédito	luottokortin numero	[luotto·kortin numero]
caixa (m) eletrônico	pankkiautomaatti	[paŋkki·automa:tti]
cheque (m)	sekki	[sekki]
passar um cheque	kirjoittaa sekki	[kirjoitta: sekki]
talão (m) de cheques	sekkivihko	[sekki·ʋihko]
empréstimo (m)	laina	[lajna]
pedir um empréstimo	hakea lainaa	[hakea lajna:]
obter empréstimo	saada lainaa	[sa:da lajna:]
dar um empréstimo	antaa lainaa	[anta: lajna:]
garantia (f)	takuu	[taku:]

98. Telefone. Conversação telefônica

telefone (m)	puhelin	[puɦelin]
celular (m)	matkapuhelin	[matka·puɦelin]
secretária (f) eletrônica	puhelinvastaaja	[puɦelin·ʋasta:ja]
fazer uma chamada	soittaa	[sojtta:]
chamada (f)	soitto, puhelu	[sojtto], [puɦelu]
discar um número	valita numero	[ʋalita numero]
Alô!	Hei!	[hej]
perguntar (vt)	kysyä	[kysyæ]
responder (vt)	vastata	[ʋastata]
ouvir (vt)	kuulla	[ku:lla]
bem	hyvin	[hyʋin]
mal	huonosti	[huonosti]
ruído (m)	häiriöt	[hæjriøt]
fone (m)	kuuloke	[ku:loke]
pegar o telefone	nostaa luuri	[nosta: lu:ri]
desligar (vi)	lopettaa puhelu	[lopetta: puɦelu]
ocupado (adj)	varattu	[ʋarattu]
tocar (vi)	soittaa	[sojtta:]
lista (f) telefônica	puhelinluettelo	[puɦelin·luettelo]
local (adj)	paikallis-	[pajkallis]
chamada (f) local	paikallispuhelu	[pajkallis·puɦelu]
de longa distância	kauko-	[kauko]
chamada (f) de longa distância	kaukopuhelu	[kauko·puɦelu]
internacional (adj)	ulkomaa	[ulkoma:]
chamada (f) internacional	ulkomaanpuhelu	[ulkoma:n·puɦelu]

99. Telefone móvel

celular (m)	matkapuhelin	[matka·puɦelin]
tela (f)	näyttö	[næyttø]
botão (m)	näppäin	[næppæjn]
cartão SIM (m)	SIM-kortti	[sim·kortti]
bateria (f)	paristo	[paristo]
descarregar-se (vr)	olla tyhjä	[olla tyhjæ]
carregador (m)	laturi	[laturi]
menu (m)	valikko	[ʋalikko]
configurações (f pl)	asetukset	[asetukset]
melodia (f)	melodia	[melodia]
escolher (vt)	valita	[ʋalita]
calculadora (f)	laskin	[laskin]
correio (m) de voz	puhelinvastaaja	[puɦelin·ʋasta:ja]

| despertador (m) | herätyskello | [herætys·kello] |
| contatos (m pl) | puhelinluettelo | [puhelin·luettelo] |

| mensagem (f) de texto | tekstiviesti | [teksti·uiesti] |
| assinante (m) | tilaaja | [tilɑ:jɑ] |

100. Estacionário

| caneta (f) | täytekynä | [tæyte·kynæ] |
| caneta (f) tinteiro | sulkakynä | [sulkɑ·kynæ] |

lápis (m)	lyijykynä	[lyjy·kynæ]
marcador (m) de texto	korostuskynä	[korostus·kynæ]
caneta (f) hidrográfica	huopakynä	[huopɑ·kynæ]

| bloco (m) de notas | lehtiö | [lehtiø] |
| agenda (f) | päiväkirja | [pæjuæ·kirjɑ] |

régua (f)	viivoitin	[ui:uojtin]
calculadora (f)	laskin	[lɑskin]
borracha (f)	kumi	[kumi]
alfinete (m)	nasta	[nɑstɑ]
clipe (m)	paperiliitin	[pɑperi·li:tin]

cola (f)	liima	[li:mɑ]
grampeador (m)	nitoja	[nitojɑ]
furador (m) de papel	rei'itin	[rej·itin]
apontador (m)	teroitin	[terojtin]

Emprego. Negócios. Parte 2

101. Media

jornal (m)	lehti	[lehti]
revista (f)	aikakauslehti	[ajkakaus·lehti]
imprensa (f)	lehdistö	[lehdistø]
rádio (m)	radio	[radio]
estação (f) de rádio	radioasema	[radio·asema]
televisão (f)	televisio	[teleuisio]
apresentador (m)	juontaja	[juontaja]
locutor (m)	uutistenlukija	[u:tistenlukija]
comentarista (m)	kommentoija	[kommentoja]
jornalista (m)	lehtimies	[lehtimies]
correspondente (m)	kirjeenvaihtaja	[kirje:n·uajhtaja]
repórter (m) fotográfico	lehtivalokuvaaja	[lehti·ualokuua:ja]
repórter (m)	reportteri	[reportteri]
redator (m)	toimittaja	[tojmittaja]
redator-chefe (m)	päätoimittaja	[pæ:tojmittaja]
assinar a ...	tilata	[tilata]
assinatura (f)	tilaus	[tilaus]
assinante (m)	tilaaja	[tila:ja]
ler (vt)	lukea	[lukea]
leitor (m)	lukija	[lukija]
tiragem (f)	levikki	[leuikke]
mensal (adj)	kuukautinen	[ku:kautinen]
semanal (adj)	viikoittainen	[ui:kojttajnen]
número (jornal, revista)	numero	[numero]
recente, novo (adj)	tuore	[tuore]
manchete (f)	otsikko	[otsikko]
pequeno artigo (m)	pieni artikkeli	[pieni artikkeli]
coluna (~ semanal)	palsta	[palsta]
artigo (m)	artikkeli	[artikkeli]
página (f)	sivu	[siuu]
reportagem (f)	reportaasi	[reporta:si]
evento (festa, etc.)	tapahtuma	[tapahtuma]
sensação (f)	sensaatio	[sensa:tio]
escândalo (m)	skandaali	[skanda:li]
escandaloso (adj)	skandaalimainen	[skanda:limajnen]
grande (adj)	suuri	[su:ri]
programa (m)	ohjelma	[ohjelma]
entrevista (f)	haastattelu	[ha:stattelu]

| transmissão (f) ao vivo | suora lähetys | [suora læɦetys] |
| canal (m) | kanava | [kanaʋa] |

102. Agricultura

agricultura (f)	maatalous	[mɑːtalous]
camponês (m)	talonpoika	[talon·pojka]
camponesa (f)	talonpoikaisnainen	[talon·pojkajs·najnen]
agricultor, fazendeiro (m)	farmari	[farmari]

| trator (m) | traktori | [traktori] |
| colheitadeira (f) | leikkuupuimuri | [lejkku:pujmuri] |

arado (m)	aura	[aura]
arar (vt)	kyntää	[kyntæ:]
campo (m) lavrado	kynnös	[kynnøs]
sulco (m)	vako	[ʋako]

semear (vt)	kylvää	[kylʋæ:]
plantadeira (f)	kylvökone	[kylʋø·kone]
semeadura (f)	kylvö	[kylʋø]

| foice (m) | viikate | [ʋi:kate] |
| cortar com foice | niittää | [ni:ttæ:] |

| pá (f) | lapio | [lapio] |
| cavar (vt) | kyntää | [kyntæ:] |

enxada (f)	kuokka	[kuokka]
capinar (vt)	kitkeä	[kitkea]
erva (f) daninha	rikkaruoho	[rikka·ruoɦo]

regador (m)	kastelukannu	[kastelu·kannu]
regar (plantas)	kastella	[kastella]
rega (f)	kastelu	[kastelu]

| forquilha (f) | hanko | [haŋko] |
| ancinho (m) | harava | [haraʋa] |

fertilizante (m)	lannoite	[lannojte]
fertilizar (vt)	lannoittaa	[lannojtta:]
estrume, esterco (m)	lanta	[lanta]

campo (m)	pelto	[pelto]
prado (m)	niitty	[ni:tty]
horta (f)	kasvimaa	[kasʋima:]
pomar (m)	puutarha	[pu:tarha]

pastar (vt)	laiduntaa	[lajdunta:]
pastor (m)	paimen	[pajmen]
pastagem (f)	laidun	[lajdun]

| pecuária (f) | karjanhoito | [karjan·hojto] |
| criação (f) de ovelhas | lampaanhoito | [lampa:n·hojto] |

plantação (f)	viljelys	[uiljelys]
canteiro (m)	rivi	[riui]
estufa (f)	kasvihuone	[kasui·huone]

| seca (f) | kuivuus | [kujuu:s] |
| seco (verão ~) | kuiva | [kujua] |

grão (m)	vilja	[uilja]
cereais (m pl)	viljat	[uiljat]
colher (vt)	korjata	[korjata]

moleiro (m)	mylläri	[myllæri]
moinho (m)	mylly	[mylly]
moer (vt)	jauhaa	[jauɦa:]
farinha (f)	jauhot	[jauɦot]
palha (f)	olki	[olki]

103. Construção. Processo de construção

canteiro (m) de obras	rakennustyömaa	[rakennus·tyø·ma:]
construir (vt)	rakentaa	[rakenta:]
construtor (m)	rakentaja	[rakentaja]

projeto (m)	hanke	[haŋke]
arquiteto (m)	arkkitehti	[arkkitehti]
operário (m)	työläinen	[tyølæjnen]

fundação (f)	perusta, perustus	[perusta], [perustus]
telhado (m)	katto	[katto]
estaca (f)	paalu	[pa:lu]
parede (f)	seinä	[sejnæ]

| colunas (f pl) de sustentação | raudoitus | [raudojtus] |
| andaime (m) | rakennustelineet | [rakennus·teline:t] |

concreto (m)	betoni	[betoni]
granito (m)	graniitti	[grani:tti]
pedra (f)	kivi	[kiui]
tijolo (m)	tiili	[ti:li]

areia (f)	hiekka	[hiekka]
cimento (m)	sementti	[sementti]
emboço, reboco (m)	rappauslaasti	[rappaus·la:sti]
emboçar, rebocar (vt)	rapata	[rapata]

tinta (f)	maali	[ma:li]
pintar (vt)	maalata	[ma:lata]
barril (m)	tynnyri	[tynnyri]

grua (f), guindaste (m)	nosturi	[nosturi]
erguer (vt)	nostaa	[nosta:]
baixar (vt)	laskea	[laskea]
buldózer (m)	raivaustraktori	[rajuaus·traktori]
escavadora (f)	kaivuri	[kajuuri]

caçamba (f)	kauha	[kɑuɦɑ]
escavar (vt)	kaivaa	[kɑjʋɑ:]
capacete (m) de proteção	suojakypärä	[suoja·kypæræ]

Profissões e ocupações

104. Procura de emprego. Demissão

trabalho (m)	työ	[tyø]
equipe (f)	henkilökunta	[heŋkilø·kunta]
pessoal (m)	henkilöstö	[heŋkiløstø]
carreira (f)	ura	[ura]
perspectivas (f pl)	mahdollisuudet	[mahdollisu:det]
habilidades (f pl)	mestaruus	[mestaru:s]
seleção (f)	valinta	[valinta]
agência (f) de emprego	työvoimatoimisto	[tyøvojma·tojmisto]
currículo (m)	ansioluettelo	[ansio·luettelo]
entrevista (f) de emprego	työhaastattelu	[tyø·ha:stattelu]
vaga (f)	vakanssi	[vakanssi]
salário (m)	palkka	[palkka]
salário (m) fixo	kiinteä palkka	[ki:nteæ palkka]
pagamento (m)	maksu	[maksu]
cargo (m)	virka	[virka]
dever (do empregado)	velvollisuus	[velvollisu:s]
gama (f) de deveres	velvollisuudet	[velvollisu:det]
ocupado (adj)	varattu	[varattu]
despedir, demitir (vt)	antaa potkut	[anta: potkut]
demissão (f)	irtisanominen	[irtisanominen]
desemprego (m)	työttömyys	[tyøttømy:s]
desempregado (m)	työtön	[tyøtøn]
aposentadoria (f)	eläke	[elæke]
aposentar-se (vr)	jäädä eläkkeelle	[jæ:dæ elække:lle]

105. Gente de negócios

diretor (m)	johtaja	[johtaja]
gerente (m)	johtaja	[johtaja]
patrão, chefe (m)	esimies	[esimies]
superior (m)	päällikkö	[pæ:llikkø]
superiores (m pl)	esimiehet	[esimiehet]
presidente (m)	presidentti	[presidentti]
chairman (m)	puheenjohtaja	[puɦe:n·johtaja]
substituto (m)	sijainen	[sijainen]
assistente (m)	apulainen	[apulajnen]

| secretário (m) | sihteeri | [sihte:ri] |
| secretário (m) pessoal | henkilökohtainen avustaja | [heŋkylø·kohtajnen avustaja] |

homem (m) de negócios	liikemies	[li:kemies]
empreendedor (m)	yrittäjä	[yrittæjæ]
fundador (m)	perustaja	[perustaja]
fundar (vt)	perustaa	[perusta:]

principiador (m)	perustaja	[perustaja]
parceiro, sócio (m)	partneri	[partneri]
acionista (m)	osakkeenomistaja	[osakke:n·omistaja]

milionário (m)	miljonääri	[miljonæ:ri]
bilionário (m)	miljardööri	[miljardø:ri]
proprietário (m)	omistaja	[omistaja]
proprietário (m) de terras	maanomistaja	[ma:n·omistaja]

cliente (m)	asiakas	[asiakas]
cliente (m) habitual	vakituinen asiakas	[vakitujnen asiakas]
comprador (m)	ostaja	[ostaja]
visitante (m)	kävijä	[kævijæ]

profissional (m)	ammattilainen	[ammattilajnen]
perito (m)	asiantuntija	[asiantuntija]
especialista (m)	asiantuntija	[asiantuntija]

| banqueiro (m) | pankkiiri | [paŋkki:ri] |
| corretor (m) | pörssimeklari | [pørssi·meklari] |

caixa (m, f)	kassanhoitaja	[kassan·hojtaja]
contador (m)	kirjanpitäjä	[kirjan·pitæjæ]
guarda (m)	vartija	[vartija]

investidor (m)	sijoittaja	[sijoittaja]
devedor (m)	velallinen	[velallinen]
credor (m)	luotonantaja	[luoton·antaja]
mutuário (m)	lainanottaja	[lajnan·ottaja]

| importador (m) | maahantuoja | [ma:han·tuoja] |
| exportador (m) | maastaviejä | [ma:staviejæ] |

produtor (m)	tuottaja	[tuottaja]
distribuidor (m)	jakelija	[jakelija]
intermediário (m)	välittäjä	[vælittæjæ]

consultor (m)	neuvoja	[neuvoja]
representante comercial	edustaja	[edustaja]
agente (m)	asiamies	[asiamies]
agente (m) de seguros	vakuutusasiamies	[vaku:tus·asiamies]

106. Profissões de serviços

| cozinheiro (m) | kokki | [kokki] |
| chefe (m) de cozinha | keittiömestari | [kejttiø·mestari] |

padeiro (m)	leipuri	[lejpuri]
barman (m)	baarimestari	[ba:ri·mestari]
garçom (m)	tarjoilija	[tarjoilija]
garçonete (f)	tarjoilijatar	[tarjoilijatar]

advogado (m)	asianajaja	[asianajaja]
jurista (m)	lakimies	[lakimies]
notário (m)	notaari	[nota:ri]

eletricista (m)	sähkömies	[sæhkømies]
encanador (m)	putkimies	[putkimies]
carpinteiro (m)	kirvesmies	[kiruesmies]

massagista (m)	hieroja	[hieroja]
massagista (f)	naishieroja	[najs·hieroja]
médico (m)	lääkäri	[læ:kæri]

taxista (m)	taksinkuljettaja	[taksiŋ·kuljettaja]
condutor (automobilista)	kuljettaja	[kuljettaja]
entregador (m)	kuriiri	[kuri:ri]

camareira (f)	huonesiivooja	[huone·si:uo:ja]
guarda (m)	vartija	[uartija]
aeromoça (f)	lentoemäntä	[lento·emæntæ]

professor (m)	opettaja	[opettaja]
bibliotecário (m)	kirjastonhoitaja	[kirjaston·hojtaja]
tradutor (m)	kääntäjä	[kæ:ntæjæ]
intérprete (m)	tulkki	[tulkki]
guia (m)	opas	[opas]

cabeleireiro (m)	parturi	[parturi]
carteiro (m)	postinkantaja	[postiŋ·kantaja]
vendedor (m)	myyjä	[my:jæ]

jardineiro (m)	puutarhuri	[pu:tarhuri]
criado (m)	palvelija	[paluelija]
criada (f)	sisäkkö	[sisækkø]
empregada (f) de limpeza	siivooja	[si:uo:ja]

107. Profissões militares e postos

soldado (m) raso	sotamies	[sotamies]
sargento (m)	kersantti	[kersantti]
tenente (m)	luutnantti	[lu:tnantti]
capitão (m)	kapteeni	[kapte:ni]

major (m)	majuri	[majuri]
coronel (m)	everstii	[euersti]
general (m)	kenraali	[kenra:li]
marechal (m)	marsalkka	[marsalkka]
almirante (m)	amiraali	[amira:li]
militar (m)	sotilashenkilö	[sotilas·heŋkilø]
soldado (m)	sotilas	[sotilas]

| oficial (m) | upseeri | [upse:ri] |
| comandante (m) | komentaja | [komentaja] |

guarda (m) de fronteira	rajavartija	[raja·vartija]
operador (m) de rádio	radisti	[radisti]
explorador (m)	tiedustelija	[tiedustelija]
sapador-mineiro (m)	pioneeri	[pione:ri]
atirador (m)	ampuja	[ampuja]
navegador (m)	perämies	[peræmies]

108. Oficiais. Padres

| rei (m) | kuningas | [kuniŋas] |
| rainha (f) | kuningatar | [kuniŋatar] |

| príncipe (m) | prinssi | [prinssi] |
| princesa (f) | prinsessa | [prinsessa] |

| czar (m) | tsaari | [tsɑ:ri] |
| czarina (f) | tsaaritar | [tsɑ:ritar] |

presidente (m)	presidentti	[presidentti]
ministro (m)	ministeri	[ministeri]
primeiro-ministro (m)	pääministeri	[pæ:ministeri]
senador (m)	senaattori	[senɑ:ttori]

diplomata (m)	diplomaatti	[diplomɑ:tti]
cônsul (m)	konsuli	[konsuli]
embaixador (m)	suurlähettiläs	[su:r·læhettilæs]
conselheiro (m)	neuvos	[neuvos]

funcionário (m)	virkamies	[virkamies]
prefeito (m)	prefekti	[prefekti]
Presidente (m) da Câmara	kaupunginjohtaja	[kaupuŋin·johtaja]

| juiz (m) | tuomari | [tuomari] |
| procurador (m) | syyttäjä | [sy:ttæjæ] |

missionário (m)	lähetystyöntekijä	[læhetys·tyøntekija]
monge (m)	munkki	[muŋkki]
abade (m)	apotti	[apotti]
rabino (m)	rabbi	[rabbi]

vizir (m)	visiiri	[visi:ri]
xá (m)	šaahi	[ʃɑ:hi]
xeique (m)	šeikki	[ʃejkki]

109. Profissões agrícolas

abelheiro (m)	mehiläishoitaja	[mehilæjs·hojtaja]
pastor (m)	paimen	[pajmen]
agrônomo (m)	agronomi	[agronomi]

| criador (m) de gado | karjanhoitaja | [karjan·hojtaja] |
| veterinário (m) | eläinlääkäri | [elæjn·læ:kari] |

agricultor, fazendeiro (m)	farmari	[farmari]
vinicultor (m)	viininvalmistaja	[ui:nin·ualmistaja]
zoólogo (m)	eläintieteilijä	[elæjn·tietejlijæ]
vaqueiro (m)	cowboy	[kauboj]

110. Profissões artísticas

| ator (m) | näyttelijä | [næyttelijæ] |
| atriz (f) | näyttelijätär | [næyttelijætær] |

| cantor (m) | laulaja | [laulaja] |
| cantora (f) | laulaja | [laulaja] |

| bailarino (m) | tanssija | [tanssija] |
| bailarina (f) | tanssijatar | [tanssijatar] |

| artista (m) | näyttelijä | [næyttelijæ] |
| artista (f) | näyttelijätär | [næyttelijætær] |

músico (m)	muusikko	[mu:sikko]
pianista (m)	pianisti	[pianisti]
guitarrista (m)	kitaransoittaja	[kitaran·sojttaja]

maestro (m)	kapellimestari	[kapelli·mestari]
compositor (m)	säveltäjä	[sæueltæjæ]
empresário (m)	impressaari	[impressa:ri]

diretor (m) de cinema	ohjaaja	[ohja:ja]
produtor (m)	elokuvatuottaja	[elokuua·tuottaja]
roteirista (m)	käsikirjoittaja	[kæsi·kirjoittaja]
crítico (m)	arvostelija	[aruostelija]

escritor (m)	kirjailija	[kirjailija]
poeta (m)	runoilija	[runojlija]
escultor (m)	kuvanveistäjä	[kuuan·uejstæjæ]
pintor (m)	taiteilija	[tajtejlija]

malabarista (m)	jonglööri	[joŋlø:ri]
palhaço (m)	klovni	[klouni]
acrobata (m)	akrobaatti	[akroba:tti]
ilusionista (m)	taikuri	[tajkuri]

111. Várias profissões

médico (m)	lääkäri	[læ:kæri]
enfermeira (f)	sairaanhoitaja	[sajra:n·hojtaja]
psiquiatra (m)	psykiatri	[psykiatri]
dentista (m)	hammaslääkäri	[hammas·læ:kæri]
cirurgião (m)	kirurgi	[kirurgi]

astronauta (m)	astronautti	[astronautti]
astrônomo (m)	tähtitieteilijä	[tæhti·tietejlijæ]
piloto (m)	lentäjä	[lentæjæ]

motorista (m)	kuljettaja	[kuljettaja]
maquinista (m)	junankuljettaja	[yneŋ·kuljettaja]
mecânico (m)	mekaanikko	[meka:nikko]

mineiro (m)	kaivosmies	[kajuosmies]
operário (m)	työläinen	[tyølæjnen]
serralheiro (m)	lukkoseppä	[lukko·seppæ]
marceneiro (m)	puuseppä	[pu:seppæ]
torneiro (m)	sorvari	[soruari]
construtor (m)	rakentaja	[rakentaja]
soldador (m)	hitsari	[hitsari]

professor (m)	professori	[professori]
arquiteto (m)	arkkitehti	[arkkitehti]
historiador (m)	historioitsija	[historiojtsija]
cientista (m)	tiedemies	[tiedemies]
físico (m)	fyysikko	[fy:sikko]
químico (m)	kemisti	[kemisti]

arqueólogo (m)	arkeologi	[arkeologi]
geólogo (m)	geologi	[geologi]
pesquisador (cientista)	tutkija	[tutkija]

babysitter, babá (f)	lastenhoitaja	[lasten·hojtaja]
professor (m)	pedagogi	[pedagogi]

redator (m)	toimittaja	[tojmittaja]
redator-chefe (m)	päätoimittaja	[pæ:tojmittaja]
correspondente (m)	kirjeenvaihtaja	[kirje:n·uajhtaja]
datilógrafa (f)	konekirjoittaja	[kone·kirjoittaja]

designer (m)	muotoilija	[muotojlija]
especialista (m) em informática	tietokoneasiantuntija	[tietokone·asiantuntija]
programador (m)	ohjelmoija	[ohjelmoja]
engenheiro (m)	insinööri	[insinø:ri]

marujo (m)	merimies	[merimies]
marinheiro (m)	matruusi	[matru:si]
socorrista (m)	pelastaja	[pelastaja]

bombeiro (m)	palomies	[palomies]
polícia (m)	poliisi	[poli:si]
guarda-noturno (m)	vahti	[uahti]
detetive (m)	etsivä	[etsiuæ]

funcionário (m) da alfândega	tullimies	[tullimies]
guarda-costas (m)	henkivartija	[heŋki·uartija]
guarda (m) prisional	vanginvartija	[uaŋin·uartija]
inspetor (m)	tarkastaja	[tarkastaja]
esportista (m)	urheilija	[urhejlija]
treinador (m)	valmentaja	[ualmentaja]

açougueiro (m)	lihanleikkaaja	[liĥan·lejkkɑ:jɑ]
sapateiro (m)	suutari	[su:tɑri]
comerciante (m)	kauppias	[kɑuppjɑs]
carregador (m)	lastaaja	[lɑstɑ:jɑ]
estilista (m)	muotisuunnittelija	[muoti·su:nnittelijɑ]
modelo (f)	malli	[mɑlli]

112. Ocupações. Estatuto social

estudante (~ de escola)	koululainen	[koululɑjnen]
estudante (~ universitária)	ylioppilas	[yli·oppilɑs]
filósofo (m)	filosofi	[filosofi]
economista (m)	taloustieteilijä	[tɑlous·tietejlijæ]
inventor (m)	keksijä	[keksijæ]
desempregado (m)	työtön	[tyøtøn]
aposentado (m)	eläkeläinen	[elækelæjnen]
espião (m)	vakoilija	[ʋɑkojlijɑ]
preso, prisioneiro (m)	vanki	[ʋɑŋki]
grevista (m)	lakkolainen	[lɑkkolɑjnen]
burocrata (m)	byrokraatti	[byrokrɑ:tti]
viajante (m)	matkailija	[mɑtkɑjlijɑ]
homossexual (m)	homoseksuaali	[homoseksuɑ:li]
hacker (m)	hakkeri	[hɑkkeri]
hippie (m, f)	hippi	[hippi]
bandido (m)	rosvo	[rosʋo]
assassino (m)	salamurhaaja	[sɑlɑ·murhɑ:jɑ]
drogado (m)	narkomaani	[nɑrkomɑ:ni]
traficante (m)	huumekauppias	[hu:me·kɑuppjɑs]
prostituta (f)	prostituoitu	[prostituojtu]
cafetão (m)	sutenööri	[sutenø:ri]
bruxo (m)	noita	[nojtɑ]
bruxa (f)	noita	[nojtɑ]
pirata (m)	merirosvo	[meri·rosʋo]
escravo (m)	orja	[orjɑ]
samurai (m)	samurai	[sɑmurɑj]
selvagem (m)	villi-ihminen	[ʋilli·ihminen]

Desportos

113. Tipos de desportos. Desportistas

esportista (m)	urheilija	[urhejlija]
tipo (m) de esporte	urheilulaji	[urhejlu·laji]
basquete (m)	koripallo	[koripallo]
jogador (m) de basquete	koripalloilija	[koripallojlija]
beisebol (m)	baseball	[bejseboll]
jogador (m) de beisebol	baseball pelaaja	[bejseboll pela:ja]
futebol (m)	jalkapallo	[jalka·pallo]
jogador (m) de futebol	jalkapalloilija	[jalka·pallojlija]
goleiro (m)	maalivahti	[ma:li·uahti]
hóquei (m)	jääkiekko	[jæ:kækko]
jogador (m) de hóquei	jääkiekkoilija	[jæ:kiekkojlija]
vôlei (m)	lentopallo	[lento·pallo]
jogador (m) de vôlei	lentopalloilija	[lento·pallojlija]
boxe (m)	nyrkkeily	[nyrkkejly]
boxeador (m)	nyrkkeilijä	[nyrkkejlijæ]
luta (f)	paini	[pajni]
lutador (m)	painija	[pajnija]
caratê (m)	karate	[karate]
carateca (m)	karateka	[karateka]
judô (m)	judo	[judo]
judoca (m)	judoka	[judoka]
tênis (m)	tennis	[tennis]
tenista (m)	tennispelaaja	[tennis·pela:ja]
natação (f)	uinti	[ujnti]
nadador (m)	uimari	[ujmari]
esgrima (f)	miekkailu	[miekkajlu]
esgrimista (m)	miekkailija	[miekkajlija]
xadrez (m)	šakki	[ʃakki]
jogador (m) de xadrez	šakinpelaaja	[ʃakin·pela:ja]
alpinismo (m)	vuorikiipeily	[uuori·ki:pejly]
alpinista (m)	vuorikiipeilijä	[uuori·ki:pejlijæ]
corrida (f)	juoksu	[juoksu]

corredor (m)	juoksija	[juoksija]
atletismo (m)	yleisurheilu	[ylejsurhejlu]
atleta (m)	yleisurheilija	[ylejsurhejlija]

| hipismo (m) | ratsastusurheilu | [ratsastus·urhejlu] |
| cavaleiro (m) | ratsastaja | [ratsastaja] |

patinação (f) artística	taitoluistelu	[tajto·lujstelu]
patinador (m)	taitoluistelija	[tajto·lujstelija]
patinadora (f)	taitoluistelija	[tajto·lujstelija]

| halterofilismo (m) | painonnosto | [pajnon·nosto] |
| halterofilista (m) | painonnostaja | [pajnon·nostaja] |

| corrida (f) de carros | kilpa-autoilu | [kilpa·autojlu] |
| piloto (m) | kilpa-ajaja | [kilpa·ajaja] |

| ciclismo (m) | pyöräily | [pyøræjly] |
| ciclista (m) | pyöräilijä | [pyøræjlijæ] |

salto (m) em distância	pituushyppy	[pitu:s·hyppy]
salto (m) com vara	seiväshyppy	[sejuæs·hyppy]
atleta (m) de saltos	hyppääjä	[hyppæ:jæ]

114. Tipos de desportos. Diversos

futebol (m) americano	Amerikkalainen jalkapallo	[amerikkalajnen jalkapallo]
badminton (m)	sulkapallo	[sulka·pallo]
biatlo (m)	ampumahiihto	[ampuma·hi:hto]
bilhar (m)	biljardi	[biljardi]

bobsled (m)	rattikelkka	[ratti·kelkka]
musculação (f)	kehonrakennus	[kehon·rakennus]
polo (m) aquático	vesipallo	[uesi·pallo]
handebol (m)	käsipallo	[kæsi·pallo]
golfe (m)	golf	[golf]

remo (m)	soutu	[soutu]
mergulho (m)	sukellus	[sukellus]
corrida (f) de esqui	murtomaahiihto	[murtoma:hi:hto]
tênis (m) de mesa	pöytätennis	[pøytæ·tennis]

vela (f)	purjehdus	[purjehdus]
rali (m)	ralli	[ralli]
rúgbi (m)	rugby	[ragbi]
snowboard (m)	lumilautailu	[lumi·lautajlu]
arco-e-flecha (m)	jousiammunta	[jousiam·munta]

115. Ginásio

| barra (f) | painonnostotanko | [pajnonnosto·taŋko] |
| halteres (m pl) | käsipainot | [kæsi·pajnot] |

aparelho (m) de musculação	kuntolaite	[kunto·lɑjte]
bicicleta (f) ergométrica	kuntopyörä	[kunto·pyøræ]
esteira (f) de corrida	juoksumatto	[juoksu·mɑtto]

barra (f) fixa	rekki	[rekki]
barras (f pl) paralelas	nojapuut	[noja·pu:t]
cavalo (m)	hevonen	[heʋonen]
tapete (m) de ginástica	matto	[mɑtto]

corda (f) de saltar	hyppynaru	[hyppynɑru]
aeróbica (f)	aerobic	[aerobik]
ioga, yoga (f)	jooga	[jo:gɑ]

116. Desportos. Diversos

Jogos (m pl) Olímpicos	Olympiakisat	[olympia·kisat]
vencedor (m)	voittaja	[ʋojttaja]
vencer (vi)	voittaa	[ʋojttɑ:]
vencer (vi, vt)	voittaa	[ʋojttɑ:]

líder (m)	johtaja	[johtaja]
liderar (vt)	johtaa	[johtɑ:]

primeiro lugar (m)	ensimmäinen sija	[ensimmæjnen sija]
segundo lugar (m)	toinen sija	[tojnen sija]
terceiro lugar (m)	kolmas sija	[kolmɑs sija]

medalha (f)	mitali	[mitali]
troféu (m)	saalis	[sɑ:lis]
taça (f)	pokaali	[pokɑ:li]
prêmio (m)	palkinto	[palkinto]
prêmio (m) principal	pääpalkinto	[pæ:palkinto]

recorde (m)	ennätys	[ennætys]
estabelecer um recorde	saavuttaa ennätys	[sɑ:uutta: ennætys]

final (m)	finaali, loppuottelu	[finɑ:li], [loppu·ottelu]
final (adj)	finaali-	[finɑ:li]

campeão (m)	mestari	[mestari]
campeonato (m)	mestaruuskilpailut	[mestaru:s·kilpajlut]

estádio (m)	stadion	[stadion]
arquibancadas (f pl)	katsomo	[katsomo]
fã, torcedor (m)	penkkiurheilija	[peŋkki·urhejlija]
adversário (m)	vastustaja	[ʋastustaja]

partida (f)	lähtö	[læhtø]
linha (f) de chegada	maali	[mɑ:li]

derrota (f)	häviö	[hæʋiø]
perder (vt)	hävitä	[hæʋitæ]
árbitro, juiz (m)	erotuomari	[erotuomari]
júri (m)	tuomaristo	[tuomaristo]

resultado (m)	tilanne, tulos	[tilanne], [tulos]
empate (m)	tasapeli	[tasa·peli]
empatar (vi)	pelata tasan	[pelata tasan]
ponto (m)	piste	[piste]
resultado (m) final	tulos	[tulos]
intervalo (m)	väliaika, puoliaika	[uæli·ajka], [puoli·ajka]
doping (m)	doping	[dopiŋ]
penalizar (vt)	rangaista	[raŋajsta]
desqualificar (vt)	diskvalifioida	[diskualifiojda]
aparelho, aparato (m)	teline	[teline]
dardo (m)	keihäs	[kejhæs]
peso (m)	kuula	[ku:la]
bola (f)	pallo	[pallo]
alvo, objetivo (m)	maali	[ma:li]
alvo (~ de papel)	maali	[ma:li]
disparar, atirar (vi)	ampua	[ampua]
preciso (tiro ~)	tarkka	[tarkka]
treinador (m)	valmentaja	[ualmentaja]
treinar (vt)	valmentaa	[ualmenta:]
treinar-se (vr)	valmentautua	[ualmentautua]
treino (m)	valmennus	[ualmennus]
academia (f) de ginástica	voimistelusali	[uojmistelu·sali]
exercício (m)	liikunta, harjoittelu	li:kunta, harjoittelu
aquecimento (m)	lämmittely	[læmmittely]

Educação

117. Escola

escola (f)	koulu	[koulu]
diretor (m) de escola	rehtori	[rehtori]
aluno (m)	oppilas	[oppilas]
aluna (f)	tyttöoppilas	[tyttø·oppilas]
estudante (m)	koululainen	[koululɑjnen]
estudante (f)	koululainen	[koululɑjnen]
ensinar (vt)	opettaa	[opetta:]
aprender (vt)	opetella	[opetella]
decorar (vt)	opetella ulkoa	[opetella ulkoa]
estudar (vi)	opiskella	[opiskella]
estar na escola	käydä koulua	[kæydæ koulua]
ir à escola	mennä kouluun	[mennæ koulu:n]
alfabeto (m)	aakkoset	[a:kkoset]
disciplina (f)	oppiaine	[oppiɑjne]
sala (f) de aula	luokka	[luokka]
lição, aula (f)	tunti	[tunti]
recreio (m)	välitunti	[ʋæli·tunti]
toque (m)	soitto	[sojtto]
classe (f)	pulpetti	[pulpetti]
quadro (m) negro	liitutaulu	[li:tu·taulu]
nota (f)	arvosana	[arʋosana]
boa nota (f)	hyvä arvosana	[hyʋæ arʋosana]
nota (f) baixa	huono arvosana	[huono arʋosana]
dar uma nota	merkitä arvosana	[merkitæ arʋosana]
erro (m)	virhe	[ʋirhe]
errar (vi)	tehdä virheet	[tehdæ ʋirhe:t]
corrigir (~ um erro)	korjata	[korjata]
cola (f)	lunttilappu	[luntti·lappu]
dever (m) de casa	kotitehtävä	[koti·tehtæʋæ]
exercício (m)	harjoitus	[harjoitus]
estar presente	olla läsnä	[olla læsnæ]
estar ausente	olla poissa	[olla pojssa]
punir (vt)	rangaista	[raŋajsta]
punição (f)	rangaistus	[raŋajstus]
comportamento (m)	käytös	[kæytøs]

boletim (m) escolar	oppilaan päiväkirja	[oppilɑ:n pæjʋæ·kirjɑ]
lápis (m)	lyijykynä	[lyjy·kynæ]
borracha (f)	kumi	[kumi]
giz (m)	liitu	[li:tu]
porta-lápis (m)	kynäkotelo	[kynæ·kotelo]

mala, pasta, mochila (f)	salkku	[sɑlkku]
caneta (f)	kynä	[kynæ]
caderno (m)	vihko	[ʋihko]
livro (m) didático	oppikirja	[oppi·kirjɑ]
compasso (m)	harppi	[hɑrppi]

traçar (vt)	piirtää	[pi:rtæ:]
desenho (m) técnico	piirustus	[pi:rustus]

poesia (f)	runo	[runo]
de cor	ulkoa	[ulkoɑ]
decorar (vt)	opetella ulkoa	[opetellɑ ulkoɑ]

férias (f pl)	loma	[lomɑ]
estar de férias	olla lomalla	[ollɑ lomɑllɑ]

teste (m), prova (f)	kirjallinen koe	[kirjɑllinen koe]
redação (f)	ainekirjoitus	[ɑjne·kirjoitus]
ditado (m)	sanelu	[sɑnelu]

exame (m), prova (f)	koe	[koe]
fazer prova	tenttiä	[tenttiæ]
experiência (~ química)	koe	[koe]

118. Colégio. Universidade

academia (f)	akatemia	[ɑkɑtemiɑ]
universidade (f)	yliopisto	[yli·opisto]
faculdade (f)	tiedekunta	[tiede·kuntɑ]

estudante (m)	opiskelija	[opiskelijɑ]
estudante (f)	opiskelija	[opiskelijɑ]
professor (m)	opettaja	[opettɑjɑ]

auditório (m)	luentosali	[luento·sɑli]
graduado (m)	valmistunut	[ʋɑlmistunut]

diploma (m)	diplomi	[diplomi]
tese (f)	väitöskirja	[ʋæjtøs·kirjɑ]

estudo (obra)	tutkimus	[tutkimus]
laboratório (m)	laboratorio	[lɑborɑtorio]

palestra (f)	luento	[luento]
colega (m) de curso	kurssitoveri	[kurssi·toʋeri]

bolsa (f) de estudos	opintotuki	[opinto·tuki]
grau (m) acadêmico	oppiarvo	[oppi·ɑrʋo]

119. Ciências. Disciplinas

matemática (f)	matematiikka	[matemati:kka]
álgebra (f)	algebra	[algebra]
geometria (f)	geometria	[geometria]
astronomia (f)	tähtitiede	[tæhti·tiede]
biologia (f)	biologia	[biologia]
geografia (f)	maantiede	[ma:n·tiede]
geologia (f)	geologia	[geologia]
história (f)	historia	[historia]
medicina (f)	lääketiede	[læ:ke·tiede]
pedagogia (f)	pedagogiikka	[pedagogi:kka]
direito (m)	oikeustiede	[ojkeus·tiede]
física (f)	fysiikka	[fysi:kka]
química (f)	kemia	[kemia]
filosofia (f)	filosofia	[filosofia]
psicologia (f)	psykologia	[psykologia]

120. Sistema de escrita. Ortografia

gramática (f)	kielioppi	[kieli·oppi]
vocabulário (m)	sanasto	[sanasto]
fonética (f)	fonetiikka	[foneti:kka]
substantivo (m)	substantiivi	[substanti:ʋi]
adjetivo (m)	adjektiivi	[adjekti:ʋi]
verbo (m)	verbi	[ʋerbi]
advérbio (m)	adverbi	[adʋerbi]
pronome (m)	pronomini	[pronomini]
interjeição (f)	interjektio	[interjektio]
preposição (f)	prepositio	[prepositio]
raiz (f)	sanan vartalo	[sanan ʋartalo]
terminação (f)	pääte	[pæ:te]
prefixo (m)	etuliite	[etuli:te]
sílaba (f)	tavu	[taʋu]
sufixo (m)	suffiksi, jälkiliite	[suffiksi], [jælkili:te]
acento (m)	paino	[pajno]
apóstrofo (f)	heittomerkki	[hejtto·merkki]
ponto (m)	piste	[piste]
vírgula (f)	pilkku	[pilkku]
ponto e vírgula (m)	puolipiste	[puoli·piste]
dois pontos (m pl)	kaksoispiste	[kaksojs·piste]
reticências (f pl)	pisteryhmä	[piste·ryhmæ]
ponto (m) de interrogação	kysymysmerkki	[kysymys·merkki]
ponto (m) de exclamação	huutomerkki	[hu:to·merkki]

aspas (f pl)	lainausmerkit	[lajnaus·merkit]
entre aspas	lainausmerkeissä	[lajnaus·merkejssæ]
parênteses (m pl)	sulkumerkit	[sulku·merkit]
entre parênteses	sulkumerkeissä	[sulku·merkejssæ]
hífen (m)	tavuviiva	[tɑʊu·ʋi:ʋɑ]
travessão (m)	ajatusviiva	[ɑjɑtus·ʋi:ʋɑ]
espaço (m)	väli	[ʋæli]
letra (f)	kirjain	[kirjɑin]
letra (f) maiúscula	iso kirjain	[iso kirjɑin]
vogal (f)	vokaali	[ʋoka:li]
consoante (f)	konsonantti	[konsonɑntti]
frase (f)	lause	[lause]
sujeito (m)	subjekti	[subjekti]
predicado (m)	predikaatti	[predikɑ:tti]
linha (f)	rivi	[riʋi]
em uma nova linha	uudella rivillä	[u:dela riʋilla]
parágrafo (m)	kappale	[kɑppɑle]
palavra (f)	sana	[sɑnɑ]
grupo (m) de palavras	sanaliitto	[sɑnɑ·li:tto]
expressão (f)	sanonta	[sɑnonta]
sinônimo (m)	synonyymi	[synony:mi]
antônimo (m)	antonyymi	[ɑntony:mi]
regra (f)	sääntö	[sæ:ntø]
exceção (f)	poikkeus	[pojkkeus]
correto (adj)	oikea	[ojkeɑ]
conjugação (f)	verbien taivutus	[ʋerbien tɑjʊutus]
declinação (f)	nominien taivutus	[nominien tɑjʊutus]
caso (m)	sija	[sijɑ]
pergunta (f)	kysymys	[kysymys]
sublinhar (vt)	alleviivata	[alleʋi:ʋata]
linha (f) pontilhada	pisteviiva	[piste·ʋi:ʋɑ]

121. Línguas estrangeiras

língua (f)	kieli	[kieli]
estrangeiro (adj)	vieras	[ʋieras]
língua (f) estrangeira	vieras kieli	[ʋieras kieli]
estudar (vt)	opiskella	[opiskella]
aprender (vt)	opetella	[opetella]
ler (vt)	lukea	[lukea]
falar (vi)	puhua	[puħua]
entender (vt)	ymmärtää	[ymmærtæ:]
escrever (vt)	kirjoittaa	[kirjoitta:]
rapidamente	nopeasti	[nopeasti]
devagar, lentamente	hitaasti	[hita:sti]

fluentemente	sujuvasti	[sujuʋɑsti]
regras (f pl)	säännöt	[sæ:nnøt]
gramática (f)	kielioppi	[kieli·oppi]
vocabulário (m)	sanasto	[sɑnɑsto]
fonética (f)	fonetiikka	[foneti:kkɑ]

livro (m) didático	oppikirja	[oppi·kirjɑ]
dicionário (m)	sanakirja	[sɑnɑ·kirjɑ]
manual (m) autodidático	itseopiskeluopas	[itseopiskelu·opɑs]
guia (m) de conversação	fraasisanakirja	[frɑ:si·sɑnɑ·kirjɑ]

fita (f) cassete	kasetti	[kɑsetti]
videoteipe (m)	videokasetti	[ʋideo·kɑsetti]
CD (m)	CD-levy	[sede·leʋy]
DVD (m)	DVD-levy	[deʋede·leʋy]

alfabeto (m)	aakkoset	[ɑ:kkoset]
soletrar (vt)	kirjoittaa	[kirjoittɑ:]
pronúncia (f)	artikulaatio	[ɑrtikulɑ:tio]

sotaque (m)	korostus	[korostus]
com sotaque	vieraasti korostaen	[ʋierɑ:sti korostɑen]
sem sotaque	ilman korostusta	[ilmɑn korostustɑ]

palavra (f)	sana	[sɑnɑ]
sentido (m)	merkitys	[merkitys]

curso (m)	kurssi	[kurssi]
inscrever-se (vr)	ilmoittautua	[ilmojttautuɑ]
professor (m)	opettaja	[opettɑjɑ]

tradução (processo)	kääntäminen	[kæ:ntæminen]
tradução (texto)	käännös	[kæ:nnøs]
tradutor (m)	kääntäjä	[kæ:ntæjæ]
intérprete (m)	tulkki	[tulkki]

poliglota (m)	monikielinen	[moni·kielinen]
memória (f)	muisti	[mujsti]

122. Personagens de contos de fadas

Papai Noel (m)	Joulupukki	[joulu·pukki]
Cinderela (f)	Tuhkimo	[tuhkimo]
sereia (f)	merenneito	[meren·nejto]
Netuno (m)	Neptunus	[neptunus]

bruxo, feiticeiro (m)	taikuri	[tɑjkuri]
fada (f)	hyvä noita	[hyʋɑ nojtɑ]
mágico (adj)	taika-	[tɑjkɑ]
varinha (f) mágica	taikasauva	[tɑjkɑ·sɑuʋɑ]

conto (m) de fadas	satu	[sɑtu]
milagre (m)	ihme	[ihme]
anão (m)	tonttu	[tonttu]

transformar-se em ...	muuttua ...	[mu:ttua]
fantasma (m)	haamu	[ha:mu]
fantasma (m)	kummitus	[kummitus]
monstro (m)	hirviö	[hirʋiø]
dragão (m)	lohikäärme	[loñi·kæ:rme]
gigante (m)	jättiläinen	[jættilæjnen]

123. Signos do Zodíaco

Áries (f)	Oinas	[ojnɑs]
Touro (m)	Härkä	[hærkæ]
Gêmeos (m pl)	Kaksoset	[kɑksoset]
Câncer (m)	Krapu	[krɑpu]
Leão (m)	Leijona	[leijonɑ]
Virgem (f)	Neitsyt	[nejtsyt]

Libra (f)	Vaaka	[ʋɑ:kɑ]
Escorpião (m)	Skorpioni	[skorpioni]
Sagitário (m)	Jousimies	[jousimies]
Capricórnio (m)	Kauris	[kauris]
Aquário (m)	Vesimies	[ʋesimies]
Peixes (pl)	Kalat	[kɑlɑt]

caráter (m)	luonne	[luonne]
traços (m pl) do caráter	luonteenpiirteet	[luonte:n·pi:rte:t]
comportamento (m)	käytös	[kæytøs]
prever a sorte	ennustaa	[ennusta:]
adivinha (f)	ennustaja	[ennustɑjɑ]
horóscopo (m)	horoskooppi	[horosko:ppi]

Artes

124. Teatro

teatro (m)	teatteri	[teatteri]
ópera (f)	ooppera	[o:ppera]
opereta (f)	operetti	[operetti]
balé (m)	baletti	[baletti]

cartaz (m)	juliste	[juliste]
companhia (f) de teatro	seurue	[seurue]
turnê (f)	kiertue	[kjertue]
estar em turnê	mennä kiertueelle	[mennæ kiertue:lle]
ensaiar (vt)	harjoitella	[harjoitella]
ensaio (m)	harjoitus	[harjoitus]
repertório (m)	ohjelmisto	[ohjelmisto]

apresentação (f)	esitys	[esitys]
espetáculo (m)	näytelmä	[næytelmæ]
peça (f)	näytelmä	[næytelmæ]

entrada (m)	lippu	[lippu]
bilheteira (f)	lippukassa	[lippu·kassa]
hall (m)	aula	[aula]
vestiário (m)	narikka	[narikka]
senha (f) numerada	vaatelappu	[ua:te·lappu]
binóculo (m)	kiikari	[ki:kari]
lanterninha (m)	tarkastaja	[tarkastaja]

plateia (f)	permanto	[permanto]
balcão (m)	parveke	[parueke]
primeiro balcão (m)	ensi parvi	[ensi parui]
camarote (m)	aitio	[ajtio]
fila (f)	rivi	[riui]
assento (m)	paikka	[pajkka]

público (m)	yleisö	[ylejsø]
espectador (m)	katsoja	[katsoja]
aplaudir (vt)	taputtaa	[taputta:]
aplauso (m)	aplodit	[aplodit]
ovação (f)	suosionosoitukset	[suosion·osojtukset]

palco (m)	näyttämö	[næyttæmø]
cortina (f)	esirippu	[esirippu]
cenário (m)	lavastus	[lauastus]
bastidores (m pl)	kulissit	[kulissit]

cena (f)	kohtaus	[kohtaus]
ato (m)	näytös	[næutøs]
intervalo (m)	väliaika	[uæliajka]

125. Cinema

ator (m)	näyttelijä	[næyttelijæ]
atriz (f)	näyttelijätär	[næyttelijætær]

cinema (m)	elokuvat	[elokuʋat]
filme (m)	elokuva	[elokuʋa]
episódio (m)	episodi	[episodi]

filme (m) policial	dekkari	[dekkari]
filme (m) de ação	toimintaelokuva	[tojminta·elokuʋa]
filme (m) de aventuras	seikkailuelokuva	[sejkkajlu·elokuʋa]
filme (m) de ficção científica	tieteisfiktioelokuva	[tjetesfiktio·elokuʋa]
filme (m) de horror	kauhuelokuva	[kauhu·elokuʋa]

comédia (f)	komedia	[komedia]
melodrama (m)	melodraama	[melodrɑːma]
drama (m)	draama	[drɑːma]

filme (m) de ficção	näytelmäelokuva	[næytelmæ·elokuʋa]
documentário (m)	dokumenttielokuva	[dokumentti·elokuʋa]
desenho (m) animado	piirrosfilmi	[piːrros·filmi]
cinema (m) mudo	mykkäelokuva	[mykkæ·elokuʋa]

papel (m)	osa, rooli	[osa], [roːli]
papel (m) principal	päärooli	[pæːroːli]
representar (vt)	näytellä	[næytellæ]

estrela (f) de cinema	filmitähti	[filmi·tæhti]
conhecido (adj)	tunnettu	[tunnettu]
famoso (adj)	kuulu	[kuːlu]
popular (adj)	suosittu	[suosittu]

roteiro (m)	käsikirjoitus	[kæsi·kirjoitus]
roteirista (m)	käsikirjoittaja	[kæsi·kirjoittaja]
diretor (m) de cinema	ohjaaja	[ohjaːja]
produtor (m)	elokuvatuottaja	[elokuʋa·tuottaja]
assistente (m)	avustaja	[aʋustaja]
diretor (m) de fotografia	kameramies	[kameramies]
dublê (m)	stuntti	[stuntti]
dublê (m) de corpo	sijaisnäyttelijä	[sijajs·næyttelijæ]

filmar (vt)	elokuvata	[elokuʋata]
audição (f)	koe-esiintyminen	[koe·esiːntyminen]
filmagem (f)	filmaaminen	[filmɑːminen]
equipe (f) de filmagem	filmausryhmä	[filmaus·ryhmæ]
set (m) de filmagem	filmauskenttä	[filmaus·kenttæ]
câmera (f)	elokuvakamera	[elokuʋa·kamera]

cinema (m)	elokuvateatteri	[elokuʋa·teatteri]
tela (f)	valkokangas	[ʋalko·kaŋas]
exibir um filme	esittää elokuvaa	[esittæː elokuʋaː]

trilha (f) sonora	ääniraita	[æːni·rajta]
efeitos (m pl) especiais	erikoistehosteet	[erikojs·tehosteːt]

legendas (f pl)	tekstitykset	[tekstitykset]
crédito (m)	lopputekstit	[loppu·tekstit]
tradução (f)	käännös	[kæ:nnøs]

126. Pintura

arte (f)	taide	[tɑjde]
belas-artes (f pl)	kaunotaiteet	[kɑuno·tɑjte:t]
galeria (f) de arte	taidegalleria	[tɑide·gɑlleriɑ]
exibição (f) de arte	taidenäyttely	[tɑjde·næyttely]

pintura (f)	maalaustaide	[mɑ:lɑus·tɑjde]
arte (f) gráfica	taidegrafiikka	[tɑjde·grɑfi:kkɑ]
arte (f) abstrata	abstrakti taide	[ɑbstrɑkti tɑjde]
impressionismo (m)	impressionismi	[impressionismi]

pintura (f), quadro (m)	taulu	[tɑulu]
desenho (m)	piirros	[pi:rros]
cartaz, pôster (m)	juliste	[juliste]

ilustração (f)	kuva	[kuʋɑ]
miniatura (f)	miniatyyri	[miniɑty:ri]
cópia (f)	kopio	[kopio]
reprodução (f)	jäljennös	[jæljennøs]

mosaico (m)	mosaiikki	[mosɑi:kki]
vitral (m)	lasimaalaus	[lɑsi·mɑ:lɑus]
afresco (m)	fresko	[fresko]
gravura (f)	kaiverrus	[kɑjʋerrus]

busto (m)	rintakuva	[rintɑ·kuʋɑ]
escultura (f)	kuvanveisto	[kuʋɑn·ʋejsto]
estátua (f)	kuvapatsas	[kuʋɑ·pɑtsɑs]
gesso (m)	kipsi	[kipsi]
em gesso (adj)	kipsinen	[kipsinen]

retrato (m)	muotokuva	[muoto·kuʋɑ]
autorretrato (m)	omakuva	[omɑ·kuʋɑ]
paisagem (f)	maisemakuva	[mɑjsemɑ·kuʋɑ]
natureza (f) morta	asetelma	[ɑsetelmɑ]
caricatura (f)	pilakuva	[pilɑ·kuʋɑ]
esboço (m)	hahmotelma	[hɑhmotelmɑ]

tinta (f)	maali	[mɑ:li]
aquarela (f)	akvarelliväri	[ɑkʋɑrelli·ʋæri]
tinta (f) a óleo	öljyväri	[øljy·ʋæri]
lápis (m)	lyijykynä	[lyjy·kynæ]
tinta (f) nanquim	tussi	[tussi]
carvão (m)	hiili	[hi:li]

desenhar (vt)	piirtää	[pi:rtæ:]
pintar (vt)	maalata	[mɑ:lɑtɑ]
posar (vi)	poseerata	[pose:rɑtɑ]
modelo (m)	malli	[mɑlli]

modelo (f)	malli	[malli]
pintor (m)	taiteilija	[tajtejlija]
obra (f)	teos	[teos]
obra-prima (f)	mestariteos	[mestari·teos]
estúdio (m)	verstas	[ʋerstas]

tela (f)	kangas, kanvaasi	[kaŋas], [kanʋɑ:si]
cavalete (m)	maalausteline	[mɑ:laus·teline]
paleta (f)	paletti	[paletti]

moldura (f)	kehys	[keɦys]
restauração (f)	entistys	[entistys]
restaurar (vt)	entistää	[entistæ:]

127. Literatura & Poesia

literatura (f)	kirjallisuus	[kirjallisu:s]
autor (m)	tekijä	[tekijæ]
pseudônimo (m)	salanimi	[sala·nimi]

livro (m)	kirja	[kirja]
volume (m)	nide	[nide]
índice (m)	sisällysluettelo	[sisællys·luettelo]
página (f)	sivu	[siʋu]
protagonista (m)	päähenkilö	[pæ:heŋkilø]
autógrafo (m)	nimikirjoitus	[nimi·kirjoitus]

conto (m)	kertomus	[kertomus]
novela (f)	novelli	[noʋelli]
romance (m)	romaani	[romɑ:ni]
obra (f)	teos	[teos]
fábula (m)	satu	[satu]
romance (m) policial	salapoliisiromaani	[sala·poli:si·romɑ:ni]

verso (m)	runo	[runo]
poesia (f)	runous	[runous]
poema (m)	runoelma	[runoelma]
poeta (m)	runoilija	[runojlija]

ficção (f)	kaunokirjallisuus	[kauno·kirjallisu:s]
ficção (f) científica	tieteiskirjallisuus	[tietejs·kirjallisu:s]
aventuras (f pl)	seikkailut	[sejkkajlut]
literatura (f) didática	oppikirjallisuus	[oppi·kirjallisu:s]
literatura (f) infantil	lastenkirjallisuus	[lasten·kirjallisu:s]

128. Circo

circo (m)	sirkus	[sirkus]
circo (m) ambulante	kiertävä sirkus	[kiertæʋæ sirkus]
programa (m)	ohjelma	[ohjelma]
apresentação (f)	esitys	[esitys]
número (m)	numero	[numero]

picadeiro (f)	areena	[areːnɑ]
pantomima (f)	pantomiimi	[pantomiːmi]
palhaço (m)	klovni	[klovni]

acrobata (m)	akrobaatti	[akrobaːtti]
acrobacia (f)	voimistelutaito	[vojmistelu·tajto]
ginasta (m)	voimistelija	[vojmistelija]
ginástica (f)	voimistelu	[vojmistelu]
salto (m) mortal	voltti	[voltti]

homem (m) forte	voimamies	[vojmamies]
domador (m)	kesyttäjä	[kesyttæjæ]
cavaleiro (m) equilibrista	ratsastaja	[ratsastaja]
assistente (m)	avustaja	[auustaja]

truque (m)	trikki	[trikki]
truque (m) de mágica	taikatemppu	[tajka·temppu]
ilusionista (m)	taikuri	[tajkuri]

malabarista (m)	jonglööri	[joŋløːri]
fazer malabarismos	jongleerata	[joŋleːrata]
adestrador (m)	kouluttaja	[kouluttaja]
adestramento (m)	koulutus	[koulutus]
adestrar (vt)	kouluttaa	[kouluttaː]

129. Música. Música popular

música (f)	musiikki	[musiːkki]
músico (m)	muusikko	[muːsikko]
instrumento (m) musical	soitin	[sojtin]
tocar ...	soittaa	[sojttaː]

guitarra (f)	kitara	[kitara]
violino (m)	viulu	[viulu]
violoncelo (m)	sello	[sello]
contrabaixo (m)	bassoviulu	[basso·viulu]
harpa (f)	harppu	[harppu]

piano (m)	piano	[piano]
piano (m) de cauda	flyygeli	[flyːgeli]
órgão (m)	urut	[urut]

instrumentos (m pl) de sopro	puhallussoitimet	[puɦallus·sojtimet]
oboé (m)	oboe	[oboj]
saxofone (m)	saksofoni	[saksofoni]
clarinete (m)	klarinetti	[klarinetti]
flauta (f)	huilu	[hujlu]
trompete (m)	torvi	[torvi]

| acordeão (m) | pianoharmonikka | [piano·harmonikka] |
| tambor (m) | rumpu | [rumpu] |

| dueto (m) | duo | [duo] |
| trio (m) | trio | [trio] |

quarteto (m)	kvartetti	[kuɑrtetti]
coro (m)	kuoro	[kuoro]
orquestra (f)	orkesteri	[orkesteri]
música (f) pop	pop musiikki	[pop musi:kki]
música (f) rock	rokki	[rokki]
grupo (m) de rock	rokkiyhtye	[rokki·yhtye]
jazz (m)	jatsi	[jɑtsi]
ídolo (m)	idoli	[idoli]
fã, admirador (m)	ihailija	[ihɑjlijɑ]
concerto (m)	konsertti	[konsertti]
sinfonia (f)	sinfonia	[sinfoniɑ]
composição (f)	sävellys	[sæʋellys]
compor (vt)	säveltää	[sæʋeltæ:]
canto (m)	laulaminen	[lɑuluminen]
canção (f)	laulu	[lɑulu]
melodia (f)	melodia	[melodiɑ]
ritmo (m)	rytmi	[rytmi]
blues (m)	blues	[blys]
notas (f pl)	nuotit	[nuotit]
batuta (f)	tahtipuikko	[tahti·pujkko]
arco (m)	jousi	[jousi]
corda (f)	kieli	[kieli]
estojo (m)	kotelo	[kotelo]

Descanso. Entretenimento. Viagens

130. Viagens

turismo (m)	matkailu	[mɑtkɑjlu]
turista (m)	matkailija	[mɑtkɑjlijɑ]
viagem (f)	matka	[mɑtkɑ]
aventura (f)	seikkailu	[sejkkɑjlu]
percurso (curta viagem)	matka	[mɑtkɑ]
férias (f pl)	loma	[lomɑ]
estar de férias	olla lomalla	[ollɑ lomɑllɑ]
descanso (m)	lepo	[lepo]
trem (m)	juna	[junɑ]
de trem (chegar ~)	junalla	[junɑllɑ]
avião (m)	lentokone	[lento·kone]
de avião	lentokoneella	[lentokone:llɑ]
de carro	autolla	[ɑutollɑ]
de navio	laivalla	[lɑjʋɑllɑ]
bagagem (f)	matkatavara	[mɑtkɑ·tɑʋɑrɑ]
mala (f)	matkalaukku	[mɑtkɑ·lɑukku]
carrinho (m)	matkatavarakärryt	[mɑtkɑ·tɑʋɑrɑt·kærryt]
passaporte (m)	passi	[pɑssi]
visto (m)	viisumi	[ʋi:sumi]
passagem (f)	lippu	[lippu]
passagem (f) aérea	lentolippu	[lento·lippu]
guia (m) de viagem	opaskirja	[opɑs·kirjɑ]
mapa (m)	kartta	[kɑrttɑ]
área (f)	seutu	[seutu]
lugar (m)	paikka	[pɑjkkɑ]
exotismo (m)	eksoottisuus	[ekso:ttisu:s]
exótico (adj)	eksoottinen	[ekso:ttinen]
surpreendente (adj)	ihmeellinen	[ihme:llinen]
grupo (m)	ryhmä	[ryhmæ]
excursão (f)	ekskursio, retki	[ekskursio], [retki]
guia (m)	opas	[opɑs]

131. Hotel

hotel (m)	hotelli	[hotelli]
motel (m)	motelli	[motelli]
três estrelas	kolme tähteä	[kolme tæhteæ]

cinco estrelas	viisi tähteä	[ʋi:si tæhteæ]
ficar (vi, vt)	oleskella	[oleskella]

quarto (m)	huone	[huone]
quarto (m) individual	yhden hengen huone	[yhden heŋen huone]
quarto (m) duplo	kahden hengen huone	[kahden heŋen huone]
reservar um quarto	varata huone	[ʋarata huone]

meia pensão (f)	puolihoito	[puoli·hojto]
pensão (f) completa	täysihoito	[tæysi·hojto]

com banheira	jossa on kylpyamme	[jossa on kylpyamme]
com chuveiro	on suihku	[on sujhku]
televisão (m) por satélite	satelliittitelevisio	[satelli:tti·teleʋisio]
ar (m) condicionado	ilmastointilaite	[ilmastojnti·lajte]
toalha (f)	pyyhe	[py:he]
chave (f)	avain	[aʋajn]

administrador (m)	hallintovirkamies	[hallinto·ʋirka·mies]
camareira (f)	huonesiivooja	[huone·si:ʋo:ja]
bagageiro (m)	kantaja	[kantaja]
porteiro (m)	vahtimestari	[ʋahti·mestari]

restaurante (m)	ravintola	[raʋintola]
bar (m)	baari	[ba:ri]
café (m) da manhã	aamiainen	[a:miajnen]
jantar (m)	illallinen	[illallinen]
bufê (m)	noutopöytä	[nouto·pøytæ]

saguão (m)	eteishalli	[etejs·halli]
elevador (m)	hissi	[hissi]

NÃO PERTURBE	ÄLKÄÄ HÄIRITKÖ	[ælkæ: hæjritkø]
PROIBIDO FUMAR!	TUPAKOINTI KIELLETTY	[tupakojnti kielletty]

132. Livros. Leitura

livro (m)	kirja	[kirja]
autor (m)	tekijä	[tekijæ]
escritor (m)	kirjailija	[kirjailija]
escrever (~ um livro)	kirjoittaa	[kirjoitta:]

leitor (m)	lukija	[lukija]
ler (vt)	lukea	[lukea]
leitura (f)	lukeminen	[lukeminen]

para si	itsekseen	[itsekse:n]
em voz alta	ääneen	[æ:ne:n]

publicar (vt)	julkaista	[julkajsta]
publicação (f)	julkaisu	[julkajsu]
editor (m)	julkaisija	[julkajsija]
editora (f)	kustantamo	[kustantamo]
sair (vi)	ilmestyä	[ilmestyæ]

lançamento (m)	julkaisu	[julkɑjsu]
tiragem (f)	painosmäärä	[pɑjnos·mæ:ræ]
livraria (f)	kirjakauppa	[kirjɑ·kɑuppɑ]
biblioteca (f)	kirjasto	[kirjɑsto]
novela (f)	novelli	[noʋelli]
conto (m)	kertomus	[kertomus]
romance (m)	romaani	[romɑ:ni]
romance (m) policial	salapoliisiromaani	[sɑlɑ·poli:si·romɑ:ni]
memórias (f pl)	muistelmat	[mujstelmɑt]
lenda (f)	legenda	[legendɑ]
mito (m)	myytti	[my:tti]
poesia (f)	runot	[runot]
autobiografia (f)	omaelämäkerta	[omɑ·elæmækertɑ]
obras (f pl) escolhidas	valitut teokset	[ʋɑlitut teokset]
ficção (f) científica	tieteiskirjallisuus	[tietejs·kirjɑllisu:s]
título (m)	nimi	[nimi]
introdução (f)	johdanto	[johdɑnto]
folha (f) de rosto	nimiölehti	[nimiø·lehti]
capítulo (m)	luku	[luku]
excerto (m)	katkelma	[kɑtkelmɑ]
episódio (m)	episodi	[episodi]
enredo (m)	juoni	[juoni]
conteúdo (m)	sisältö	[sisæltø]
índice (m)	sisällysluettelo	[sisællys·luettelo]
protagonista (m)	pääsankari	[pæ:sɑŋkɑri]
volume (m)	nide	[nide]
capa (f)	kansi	[kɑnsi]
encadernação (f)	sidonta	[sidontɑ]
marcador (m) de página	kirjanmerkki	[kirjɑn·merkki]
página (f)	sivu	[siʋu]
folhear (vt)	selailla	[selɑjllɑ]
margem (f)	marginaalit	[mɑrginɑ:lit]
anotação (f)	merkintä	[merkintæ]
nota (f) de rodapé	huomautus	[huomɑutus]
texto (m)	teksti	[teksti]
fonte (f)	fontti, kirjasinlaji	[fontti], [kirjɑsin·lɑji]
falha (f) de impressão	painovirhe	[pɑjno·ʋirhe]
tradução (f)	käännös	[kæ:nnøs]
traduzir (vt)	kääntää	[kæ:ntæ:]
original (m)	alkuperäiskappale	[ɑlkuperæjs·kɑppɑle]
famoso (adj)	kuulu	[ku:lu]
desconhecido (adj)	tuntematon	[tuntemɑton]
interessante (adj)	mielenkiintoinen	[mielen·ki:ntojnen]
best-seller (m)	bestseller	[bestseller]

dicionário (m)	sanakirja	[sɑnɑ·kirjɑ]
livro (m) didático	oppikirja	[oppi·kirjɑ]
enciclopédia (f)	tietosanakirja	[tieto·sɑnɑ·kirjɑ]

133. Caça. Pesca

caça (f)	metsästys	[metsæstys]
caçar (vi)	metsästää	[metsæstæ:]
caçador (m)	metsästäjä	[metsæstæjæ]

disparar, atirar (vi)	ampua	[ɑmpuɑ]
rifle (m)	kivääri	[kiʋæ:ri]
cartucho (m)	patruuna	[pɑtru:nɑ]
chumbo (m) de caça	haulit	[hɑulit]

armadilha (f)	raudat	[rɑudɑt]
armadilha (com corda)	ansa	[ɑnsɑ]
pôr a armadilha	asettaa raudat	[ɑsettɑ: rɑudɑt]
caçador (m) furtivo	salametsästäjä	[sɑlɑ·metsæstæjæ]
caça (animais)	riista	[ri:stɑ]
cão (m) de caça	metsästyskoira	[metsæstys·kojrɑ]
safári (m)	safari	[sɑfɑri]
animal (m) empalhado	täytetty eläin	[tæytetty elæjn]

pescador (m)	kalastaja	[kɑlɑstɑjɑ]
pesca (f)	kalastus	[kɑlɑstus]
pescar (vt)	kalastaa	[kɑlɑstɑ:]
vara (f) de pesca	onki	[oŋki]
linha (f) de pesca	siima	[si:mɑ]
anzol (m)	koukku	[koukku]
boia (f), flutuador (m)	koho	[koho]
isca (f)	syötti	[syøtti]

lançar a linha	heittää onki	[hejttæ: oŋki]
morder (peixe)	käydä onkeen	[kæydæ oŋke:n]
pesca (f)	saalis	[sɑ:lis]
buraco (m) no gelo	avanto	[ɑʋɑnto]

rede (f)	kalaverkko	[kɑlɑ·ʋerkko]
barco (m)	vene	[ʋene]
pescar com rede	kalastaa verkoilla	[kɑlɑstɑ: ʋerkojllɑ]
lançar a rede	heittää verkko	[hejttæ: ʋerkko]
puxar a rede	vetää verkko	[ʋetæ: ʋerkko]

baleeiro (m)	valaanpyytäjä	[ʋɑlɑ:n·py·tæjæ]
baleeira (f)	valaanpyyntialus	[ʋɑlɑ:n·py:ntiɑlus]
arpão (m)	harppuuna	[hɑrppu:nɑ]

134. Jogos. Bilhar

| bilhar (m) | biljardi | [biljɑrdi] |
| sala (f) de bilhar | biljardisali | [biljɑrdi·sɑli] |

bola (f) de bilhar	biljardipallo	[biljardi·pallo]
embolsar uma bola	pussittaa	[pussitta:]
taco (m)	biljardikeppi	[biljardi·keppi]
caçapa (f)	pussi	[pussi]

135. Jogos. Jogar cartas

ouros (m pl)	ruutu	[ru:tu]
espadas (f pl)	pata	[pata]
copas (f pl)	hertta	[hertta]
paus (m pl)	risti	[risti]

ás (m)	ässä	[æssæ]
rei (m)	kuningas	[kuniŋas]
dama (f), rainha (f)	kuningatar	[kuniŋatar]
valete (m)	sotamies	[sotamies]

carta (f) de jogar	pelikortti	[peli·kortti]
cartas (f pl)	kortit	[kortit]
trunfo (m)	valtti	[ualtti]
baralho (m)	korttipakka	[kortti·pakka]

ponto (m)	piste	[piste]
dar, distribuir (vt)	jakaa	[jaka:]
embaralhar (vt)	sekoittaa	[sekojtta:]
vez, jogada (f)	siirto	[si:rto]
trapaceiro (m)	korttihuijari	[kortti·ɦuijari]

136. Descanso. Jogos. Diversos

passear (vi)	kävellä	[kæuellæ]
passeio (m)	kävely	[kæuely]
viagem (f) de carro	retki	[retki]
aventura (f)	seikkailu	[sejkkajlu]
piquenique (m)	piknikki	[piknikki]

jogo (m)	peli	[peli]
jogador (m)	pelaaja	[pela:ja]
partida (f)	erä	[eræ]

colecionador (m)	keräilijä	[keræjlijæ]
colecionar (vt)	keräillä	[keræjllæ]
coleção (f)	kokoelma	[kokoelma]

palavras (f pl) cruzadas	sanaristikko	[sana·ristikko]
hipódromo (m)	ravirata	[raui·rata]
discoteca (f)	disko	[disko]

sauna (f)	sauna	[sauna]
loteria (f)	arpajaiset	[arpajaiset]
campismo (m)	vaellus	[uaellus]
acampamento (m)	leiri	[lejri]

barraca (f)	teltta	[teltta]
bússola (f)	kompassi	[kompassi]
campista (m)	telttailija	[telttajlija]
ver (vt), assistir à ...	katsoa	[katsoa]
telespectador (m)	katsoja	[katsoja]
programa (m) de TV	televisiolähetys	[televisio·læɦetys]

137. Fotografia

máquina (f) fotográfica	kamera	[kamera]
foto, fotografia (f)	valokuva	[valokuva]
fotógrafo (m)	valokuvaaja	[valokuva:ja]
estúdio (m) fotográfico	valokuvaamo	[valokuva:mo]
álbum (m) de fotografias	valokuvakansio	[valokuva·kansio]
lente (f) fotográfica	objektiivi	[objekti:vi]
lente (f) teleobjetiva	teleobjektiivi	[tele·objekti:vi]
filtro (m)	suodatin	[suodatin]
lente (f)	linssi	[linssi]
ótica (f)	optiikka	[opti:kka]
abertura (f)	himmennin	[himmennin]
exposição (f)	valotus	[valotus]
visor (m)	etsin	[etsin]
câmera (f) digital	digitaalikamera	[digita:li·kamera]
tripé (m)	jalusta	[jalusta]
flash (m)	salamalaite	[salama·lajte]
fotografar (vt)	valokuvata	[valokuvata]
tirar fotos	kuvata	[kuvata]
fotografar-se (vr)	käydä valokuvassa	[kæydæ valokuvassa]
foco (m)	fokus, focus	[fokus]
focar (vt)	tarkentaa	[tarkenta:]
nítido (adj)	terävä	[terævæ]
nitidez (f)	terävyys	[terævy:s]
contraste (m)	kontrasti	[kontrasti]
contrastante (adj)	kontrasti-	[kontrasti]
retrato (m)	kuva	[kuva]
negativo (m)	negatiivi	[negati:vi]
filme (m)	filmi	[filmi]
fotograma (m)	otos	[otos]
imprimir (vt)	tulostaa	[tulosta:]

138. Praia. Natação

praia (f)	uimaranta	[ujma·ranta]
areia (f)	hiekka	[hiekka]

deserto (adj)	autio	[autio]
bronzeado (m)	rusketus	[rusketus]
bronzear-se (vr)	ruskettua	[ruskettua]
bronzeado (adj)	ruskettunut	[ruskettunut]
protetor (m) solar	aurinkovoide	[auriŋko·ʋojde]

biquíni (m)	bikinit	[bikinit]
maiô (m)	uimapuku	[ujma·puku]
calção (m) de banho	uimahousut	[ujma·housut]

piscina (f)	uima-allas	[ujma·allas]
nadar (vi)	uida	[ujda]
chuveiro (m), ducha (f)	suihku	[sujhku]
mudar, trocar (vt)	vaihtaa vaatteet	[ʋajhta: ʋa:tte:t]
toalha (f)	pyyhe	[py:he]

| barco (m) | vene | [ʋene] |
| lancha (f) | moottorivene | [mo:ttori·ʋene] |

esqui (m) aquático	vesihiihto	[ʋesi·hi:hto]
barco (m) de pedais	vesipolkupyörä	[ʋesi·polkupyøræ]
surf, surfe (m)	surffaus	[surffaus]
surfista (m)	surffaaja	[surffa:ja]

equipamento (m) de mergulho	happilaite	[happi·lajte]
pé (m pl) de pato	räpylät	[ræpylæt]
máscara (f)	naamari	[na:mari]
mergulhador (m)	sukeltaja	[sukeltaja]
mergulhar (vi)	sukeltaa	[sukelta:]
debaixo d'água	veden alla	[ʋeden alla]

guarda-sol (m)	sateenvarjo	[sate:n·ʋarjo]
espreguiçadeira (f)	telttatuoli	[teltta·tuoli]
óculos (m pl) de sol	aurinkolasit	[auriŋko·lasit]
colchão (m) de ar	uimapatja	[ujma·patja]

| brincar (vi) | leikkiä | [lejkkiæ] |
| ir nadar | uida | [ujda] |

bola (f) de praia	rantapallo	[ranta·pallo]
encher (vt)	puhaltaa	[puɦalta:]
inflável (adj)	puhallettava	[puɦallettaʋa]

onda (f)	aalto	[a:lto]
boia (f)	poiju	[poiju]
afogar-se (vr)	hukkua	[hukkua]

salvar (vt)	pelastaa	[pelasta:]
colete (m) salva-vidas	pelastusliivi	[pelastus·li:ʋi]
observar (vt)	tarkkailla	[tarkkajlla]
salva-vidas (pessoa)	pelastaja	[pelastaja]

EQUIPAMENTO TÉCNICO. TRANSPORTES

Equipamento técnico. Transportes

139. Computador

computador (m)	tietokone	[tieto·kone]
computador (m) portátil	kannettava tietokone	[kannettaʋa tietokone]
ligar (vt)	avata	[aʋata]
desligar (vt)	sammuttaa	[sammutta:]
teclado (m)	näppäimistö	[næppæjmistø]
tecla (f)	näppäin	[næppæjn]
mouse (m)	hiiri	[hi:ri]
tapete (m) para mouse	hiirimatto	[hi:ri·matto]
botão (m)	painike	[pajnike]
cursor (m)	kursori	[kursori]
monitor (m)	monitori	[monitori]
tela (f)	näyttö	[næyttø]
disco (m) rígido	kiintolevy, kovalevy	[ki:nto·leʋy], [koʋa·leʋy]
capacidade (f) do disco rígido	kiintolevyn kapasiteetti	[ki:ntoleʋyn kapasite:tti]
memória (f)	muisti	[mujsti]
memória RAM (f)	keskusmuisti	[keskus·mujsti]
arquivo (m)	tiedosto	[tædosto]
pasta (f)	kansio	[kansio]
abrir (vt)	avata	[aʋata]
fechar (vt)	sulkea	[sulkea]
salvar (vt)	tallentaa	[tallenta:]
deletar (vt)	poistaa	[pojsta:]
copiar (vt)	kopioida	[kopiojda]
ordenar (vt)	lajitella	[lajitella]
copiar (vt)	siirtää	[si:rtæ:]
programa (m)	ohjelma	[ohjelma]
software (m)	ohjelmisto	[ohjelmisto]
programador (m)	ohjelmoija	[ohjelmoja]
programar (vt)	ohjelmoida	[ohjelmojda]
hacker (m)	hakkeri	[hakkeri]
senha (f)	tunnussana	[tunnus·sana]
vírus (m)	virus	[ʋirus]
detectar (vt)	löytää	[løytæ:]
byte (m)	tavu	[taʋu]

megabyte (m)	megatavu	[mega·tavu]
dados (m pl)	tiedot	[tiedot]
base (f) de dados	tietokanta	[tieto·kanta]
cabo (m)	kaapeli	[ka:peli]
desconectar (vt)	kytkeä irti	[kytkeæ irti]
conectar (vt)	yhdistää, liittää	[yhdistæ:], [li:ttæ:]

140. Internet. E-mail

internet (f)	internet, netti	[internet], [netti]
browser (m)	verkkoselain	[verkko·selajn]
motor (m) de busca	hakukone	[haku·kone]
provedor (m)	internet-palveluntarjoaja	[internet·palvelun·tarjoaja]
webmaster (m)	webmaster	[veb·master]
website (m)	nettisivusto	[netti·sivusto]
web page (f)	nettisivu	[netti·sivu]
endereço (m)	email-osoite	[imejl·osojte]
livro (m) de endereços	osoitekirja	[osojte·kirja]
caixa (f) de correio	postilaatikko	[postila:tikko]
correio (m)	posti	[posti]
cheia (caixa de correio)	täysi	[tæysi]
mensagem (f)	viesti	[viesti]
mensagens (f pl) recebidas	saapuneet viestit	[sa:pune:t viestit]
mensagens (f pl) enviadas	lähetetyt viestit	[læhetetyt viestit]
remetente (m)	lähettäjä	[læhettæjæ]
enviar (vt)	lähettää	[læhettæ:]
envio (m)	lähettäminen	[læhettæminen]
destinatário (m)	saaja	[sa:ja]
receber (vt)	saada	[sa:da]
correspondência (f)	kirjeenvaihto	[kirje:n·vajhto]
corresponder-se (vr)	olla kirjeenvaihdossa	[olla kirje:n·vajhdossa]
arquivo (m)	tiedosto	[tædosto]
fazer download, baixar (vt)	tallentaa	[tallenta:]
criar (vt)	luoda	[luoda]
deletar (vt)	poistaa	[pojsta:]
deletado (adj)	poistettu	[pojstettu]
conexão (f)	yhteys	[yhteys]
velocidade (f)	nopeus	[nopeus]
modem (m)	modeemi	[mode:mi]
acesso (m)	pääsy	[pæ:sy]
porta (f)	portti	[portti]
conexão (f)	liittymä	[li:ttymæ]
conectar (vi)	liittyä	[li:ttyæ]
escolher (vt)	valita	[valita]
buscar (vt)	etsiä	[etsiæ]

Transportes

141. Avião

avião (m)	lentokone	[lento·kone]
passagem (f) aérea	lentolippu	[lento·lippu]
companhia (f) aérea	lentoyhtiö	[lento·yhtiø]
aeroporto (m)	lentoasema	[lento·asema]
supersônico (adj)	yliääni-	[yliæ:ni-]
comandante (m) do avião	lentokoneen päällikkö	[lento·kone:n pæ:llikkø]
tripulação (f)	miehistö	[mæɦistø]
piloto (m)	lentäjä	[lentæjæ]
aeromoça (f)	lentoemäntä	[lento·emæntæ]
copiloto (m)	perämies	[peræmies]
asas (f pl)	siivet	[si:ʋet]
cauda (f)	pyrstö	[pyrstø]
cabine (f)	ohjaamo	[ohja:mo]
motor (m)	moottori	[mo:ttori]
trem (m) de pouso	laskuteline	[lasku·teline]
turbina (f)	turbiini	[turbi:ni]
hélice (f)	propelli	[propelli]
caixa-preta (f)	musta laatikko	[musta la:tikko]
coluna (f) de controle	ohjaussauva	[ohjaus·sauʋa]
combustível (m)	polttoaine	[poltto·ajne]
instruções (f pl) de segurança	turvaohje	[turʋa·ohje]
máscara (f) de oxigênio	happinaamari	[happina:mari]
uniforme (m)	univormu	[uniʋormu]
colete (m) salva-vidas	pelastusliivi	[pelastus·li:ʋi]
paraquedas (m)	laskuvarjo	[lasku·ʋarjo]
decolagem (f)	ilmaannousu	[ilma:n·nousu]
descolar (vi)	nousta ilmaan	[nousta ilma:n]
pista (f) de decolagem	kiitorata	[ki:to·rata]
visibilidade (f)	näkyvyys	[nækyʋy:s]
voo (m)	lento	[lento]
altura (f)	korkeus	[korkeus]
poço (m) de ar	ilmakuoppa	[ilma·kuoppa]
assento (m)	paikka	[pajkka]
fone (m) de ouvido	kuulokkeet	[ku:lokke:t]
mesa (f) retrátil	tarjotin	[tarjotin]
janela (f)	ikkuna	[ikkuna]
corredor (m)	käytävä	[kæytæʋæ]

142. Comboio

trem (m)	juna	[juna]
trem (m) elétrico	sähköjuna	[sæhkø·juna]
trem (m)	pikajuna	[pika·juna]
locomotiva (f) diesel	moottoriveturi	[mo:ttori·ueturi]
locomotiva (f) a vapor	höyryveturi	[høyry·ueturi]
vagão (f) de passageiros	vaunu	[uaunu]
vagão-restaurante (m)	ravintolavaunu	[rauintola·uaunu]
carris (m pl)	ratakiskot	[rata·kiskot]
estrada (f) de ferro	rautatie	[rauta·tie]
travessa (f)	ratapölkky	[rata·pølkky]
plataforma (f)	asemalaituri	[asema·lajturi]
linha (f)	raide	[rajde]
semáforo (m)	siipiopastin	[si:pi·opastin]
estação (f)	asema	[asema]
maquinista (m)	junankuljettaja	[yneŋ·kuljettaja]
bagageiro (m)	kantaja	[kantaja]
hospedeiro, -a (m, f)	vaununhoitaja	[uaunun·hojtaja]
passageiro (m)	matkustaja	[matkustaja]
revisor (m)	tarkastaja	[tarkastaja]
corredor (m)	käytävä	[kæytæuæ]
freio (m) de emergência	hätäjarru	[hætæ·jarru]
compartimento (m)	vaununosasto	[uaunun·osasto]
cama (f)	vuode	[uuode]
cama (f) de cima	ylävuode	[ylæ·uuode]
cama (f) de baixo	alavuode	[ala·uuode]
roupa (f) de cama	vuodevaatteet	[uuode·ua:tte:t]
passagem (f)	lippu	[lippu]
horário (m)	aikataulu	[ajka·taulu]
painel (m) de informação	aikataulu	[ajka·taulu]
partir (vt)	lähteä	[læhteæ]
partida (f)	lähtö	[læhtø]
chegar (vi)	saapua	[sa:pua]
chegada (f)	saapuminen	[sa:puminen]
chegar de trem	tulla junalla	[tulla junalla]
pegar o trem	nousta junaan	[nousta juna:n]
descer de trem	nousta junasta	[nousta junasta]
acidente (m) ferroviário	junaturma	[juna·turma]
descarrilar (vi)	suistua raiteilta	[sujstua rajtejlta]
locomotiva (f) a vapor	höyryveturi	[høyry·ueturi]
foguista (m)	lämmittäjä	[læmmittæjæ]
fornalha (f)	tulipesä	[tulipesæ]
carvão (m)	hiili	[hi:li]

143. Barco

navio (m)	laiva	[lɑjʋɑ]
embarcação (f)	alus	[ɑlus]

barco (m) a vapor	höyrylaiva	[højry·lɑjʋɑ]
barco (m) fluvial	jokilaiva	[joki·lɑjʋɑ]
transatlântico (m)	risteilijä	[ristejlijæ]
cruzeiro (m)	risteilijä	[ristejlijæ]

iate (m)	jahti	[jɑhti]
rebocador (m)	hinausköysi	[hinɑus·køysi]
barcaça (f)	proomu	[pro:mu]
ferry (m)	lautta	[lɑuttɑ]

veleiro (m)	purjealus	[purje·ɑlus]
bergantim (m)	brigantiini	[brigɑnti:ni]

quebra-gelo (m)	jäänmurtaja	[jæ:n·murtɑjɑ]
submarino (m)	sukellusvene	[sukellus·ʋene]

bote, barco (m)	jolla	[jollɑ]
baleeira (bote salva-vidas)	pelastusvene	[pelɑstus·ʋene]
bote (m) salva-vidas	pelastusvene	[pelɑstus·ʋene]
lancha (f)	moottorivene	[mo:ttori·ʋene]

capitão (m)	kapteeni	[kɑpte:ni]
marinheiro (m)	matruusi	[mɑtru:si]
marujo (m)	merimies	[merimies]
tripulação (f)	miehistö	[mæhistø]

contramestre (m)	pursimies	[pursimies]
grumete (m)	laivapoika	[lɑjʋɑ·pojkɑ]
cozinheiro (m) de bordo	kokki	[kokki]
médico (m) de bordo	laivalääkäri	[lɑjʋɑ·læ:kæri]

convés (m)	kansi	[kɑnsi]
mastro (m)	masto	[mɑsto]
vela (f)	purje	[purje]

porão (m)	ruuma	[ru:mɑ]
proa (f)	keula	[keulɑ]
popa (f)	perä	[peræ]
remo (m)	airo	[ɑjro]
hélice (f)	potkuri	[potkuri]

cabine (m)	hytti	[hytti]
sala (f) dos oficiais	upseerimessi	[upse:ri·messi]
sala (f) das máquinas	konehuone	[kone·huone]
ponte (m) de comando	komentosilta	[komento·siltɑ]
sala (f) de comunicações	radiohuone	[rɑdio·huone]
onda (f)	aalto	[ɑ:lto]
diário (m) de bordo	laivapäiväkirja	[lɑjʋɑ·pæjʋæ·kirjɑ]
luneta (f)	kaukoputki	[kɑuko·putki]
sino (m)	kello	[kello]

bandeira (f)	lippu	[lippu]
cabo (m)	köysi	[køysi]
nó (m)	solmu	[solmu]

corrimão (m)	käsipuu	[kæsipu:]
prancha (f) de embarque	laskusilta	[lɑsku·siltɑ]

âncora (f)	ankkuri	[ɑŋkkuri]
recolher a âncora	nostaa ankkuri	[nostɑ: ɑŋkkuri]
jogar a âncora	heittää ankkuri	[hejttæ: ɑŋkkuri]
amarra (corrente de âncora)	ankkuriketju	[ɑŋkkuri·ketju]

porto (m)	satama	[sɑtɑmɑ]
cais, amarradouro (m)	laituri	[lɑjturi]
atracar (vi)	kiinnittyä	[ki:nnittyæ]
desatracar (vi)	lähteä	[læhteæ]

viagem (f)	matka	[mɑtkɑ]
cruzeiro (m)	laivamatka	[lɑjuɑ·mɑtkɑ]
rumo (m)	kurssi	[kurssi]
itinerário (m)	reitti	[rejtti]

canal (m) de navegação	väylä	[uæylæ]
banco (m) de areia	matalikko	[mɑtɑlikko]
encalhar (vt)	ajautua matalikolle	[ɑjɑutuɑ mɑtɑlikolle]

tempestade (f)	myrsky	[myrsky]
sinal (m)	merkki	[merkki]
afundar-se (vr)	upota	[upotɑ]
Homem ao mar!	Mies yli laidan!	[mies yli lɑjdɑn]
SOS	SOS	[sos]
boia (f) salva-vidas	pelastusrengas	[pelɑstus·reŋɑs]

144. Aeroporto

aeroporto (m)	lentoasema	[lento·ɑsemɑ]
avião (m)	lentokone	[lento·kone]
companhia (f) aérea	lentoyhtiö	[lento·yhtiø]
controlador (m) de tráfego aéreo	lennonjohtaja	[lennon·johtɑjɑ]

partida (f)	lähtö	[læhtø]
chegada (f)	saapuvat	[sɑ:puuɑt]
chegar (vi)	lentää	[lentæ:]

hora (f) de partida	lähtöaika	[læhtø·ɑjkɑ]
hora (f) de chegada	saapumisaika	[sɑ:pumis·ɑjkɑ]

estar atrasado	myöhästyä	[myøhæstyæ]
atraso (m) de voo	lennon viivästyminen	[lennon ui:uæstyminen]

painel (m) de informação	tiedotustaulu	[tiedotus·tɑulu]
informação (f)	tiedotus	[tiedotus]
anunciar (vt)	ilmoittaa	[ilmojttɑ:]

voo (m)	lento	[lento]
alfândega (f)	tulli	[tulli]
funcionário (m) da alfândega	tullimies	[tullimies]

declaração (f) alfandegária	tullausilmoitus	[tullaus·ilmojtus]
preencher (vt)	täyttää	[tæyttæ:]
preencher a declaração	täyttää tullausilmoitus	[tæyttæ: tullaus ilmojtus]
controle (m) de passaporte	passintarkastus	[passin·tarkastus]

bagagem (f)	matkatavara	[matka·tavara]
bagagem (f) de mão	käsimatkatavara	[kæsi·matka·tavara]
carrinho (m)	matkatavarakärryt	[matka·tavarat·kærryt]

pouso (m)	lasku	[lasku]
pista (f) de pouso	laskurata	[lasku·rata]
aterrissar (vi)	laskeutua	[laskeutua]
escada (f) de avião	laskuportaat	[lasku·porta:t]

check-in (m)	lähtöselvitys	[læhtø·seluitys]
balcão (m) do check-in	rekisteröintitiski	[rekisterøinti·tiski]
fazer o check-in	ilmoittautua	[ilmojttautua]
cartão (m) de embarque	koneeseennousukortti	[kone:se:n·nousu·kortti]
portão (m) de embarque	lentokoneen pääsy	[lento·kone:n pæ:sy]

trânsito (m)	kauttakulku	[kautta·kulku]
esperar (vi, vt)	odottaa	[odotta:]
sala (f) de espera	odotussali	[odotus·sali]
despedir-se (acompanhar)	saattaa ulos	[sa:tta: ulos]
despedir-se (dizer adeus)	hyvästellä	[hyuæstellæ]

145. Bicicleta. Motocicleta

bicicleta (f)	polkupyörä	[polku·pyøræ]
lambreta (f)	skootteri	[sko:tteri]
moto (f)	moottoripyörä	[mo:ttori·pyøræ]

ir de bicicleta	pyöräillä	[pyøræjllæ]
guidão (m)	ohjaustanko	[ohjaus·taŋko]
pedal (m)	poljin	[poljın]
freios (m pl)	jarrut	[jarrut]
banco, selim (m)	satula	[satula]

bomba (f)	pumppu	[pumppu]
bagageiro (m) de teto	tavarateline	[tauara·teline]
lanterna (f)	valo, ajovalo	[ualo], [ajoualo]
capacete (m)	kypärä	[kypæræ]

roda (f)	pyörä	[pyøræ]
para-choque (m)	siipi	[si:pi]
aro (m)	vanne	[uanne]
raio (m)	pinna	[pinna]

Carros

146. Tipos de carros

carro, automóvel (m)	auto	[auto]
carro (m) esportivo	urheiluauto	[urhejlu·auto]
limusine (f)	limusiini	[limousi:ni]
todo o terreno (m)	maastoauto	[mɑ:sto·auto]
conversível (m)	avoauto	[avo·auto]
minibus (m)	pikkubussi	[pikku·bussi]
ambulância (f)	ambulanssi	[ambulanssi]
limpa-neve (m)	lumiaura	[lumi·aura]
caminhão (m)	kuorma-auto	[kuorma·auto]
caminhão-tanque (m)	bensiinisäiliöauto	[bensi:ni·sæjliø·auto]
perua, van (f)	kuomuauto	[kuomu·auto]
caminhão-trator (m)	vetoauto	[veto·auto
reboque (m)	perävaunu	[peræ·vaunu]
confortável (adj)	mukava	[mukava]
usado (adj)	käytetty	[kæutetty]

147. Carros. Carroçaria

capô (m)	konepelti	[kone·pelti]
para-choque (m)	lokasuoja	[loka·suoja]
teto (m)	katto	[katto]
para-brisa (m)	tuulilasi	[tu:li·lasi]
retrovisor (m)	taustapeili	[tausta·pejli]
esguicho (m)	tuulilasinpesin	[tu:lilasin·pesin]
limpadores (m) de para-brisas	tuulilasinpyyhkimet	[tu:lilasin·py:hkimet]
vidro (m) lateral	sivulasi	[sivu·lasi]
elevador (m) do vidro	lasinnostin	[lasin·nostin]
antena (f)	antenni	[antenni]
teto (m) solar	kattoluukku	[katto·lu:kku]
para-choque (m)	puskuri	[puskuri]
porta-malas (f)	tavaratila	[tavara·tila]
bagageira (f)	takräcke, kattoteline	[takræcke], [kattoteline]
porta (f)	ovi	[ovi]
maçaneta (f)	kahva	[kahva]
fechadura (f)	lukko	[lukko]
placa (f)	numero	[numero]
silenciador (m)	vaimennin	[vajmennin]

tanque (m) de gasolina	bensiinitankki	[bensi:ni·taŋkki]
tubo (m) de exaustão	pakoputki	[pako·putki]
acelerador (m)	kaasu	[ka:su]
pedal (m)	poljin	[poljın]
pedal (m) do acelerador	kaasupoljin	[ka:su·poljın]
freio (m)	jarru	[jarru]
pedal (m) do freio	jarrupoljin	[jarru·poljın]
frear (vt)	jarruttaa	[jarrutta:]
freio (m) de mão	käsijarru	[kæsi·jarru]
embreagem (f)	kytkin	[kytkin]
pedal (m) da embreagem	kytkinpoljin	[kytkin·poljın]
disco (m) de embreagem	kytkinlevy	[kytkin·leʋy]
amortecedor (m)	iskari	[iskari]
roda (f)	rengas	[reŋas]
pneu (m) estepe	vararengas	[ʋara·reŋas]
pneu (m)	rengas	[reŋas]
calota (f)	pölykapseli	[pøly·kapseli]
rodas (f pl) motrizes	vetävät pyörät	[ʋetæʋæt pyøræt]
de tração dianteira	etuveto-	[etuʋeto]
de tração traseira	takaveto-	[takaʋeto]
de tração às 4 rodas	neliveto-	[neliʋeto]
caixa (f) de mudanças	vaihdelaatikko	[ʋajhde·la:tikko]
automático (adj)	automaattinen	[automa:ttinen]
mecânico (adj)	käsivalintainen	[kæsiʋalintajnen]
alavanca (f) de câmbio	vaihdetanko	[ʋajhde·taŋko]
farol (m)	etulyhty	[etulyhty]
faróis (m pl)	ajovalot	[ajo·ʋalot]
farol (m) baixo	lähivalot	[læɦi·ʋalot]
farol (m) alto	kaukovalot	[kauko·ʋalot]
luzes (f pl) de parada	jarruvalo	[jarru·ʋalo]
luzes (f pl) de posição	pysäköintivalot	[pysækøjnti·ʋalot]
luzes (f pl) de emergência	hätävilkut	[hætæ·ʋilkut]
faróis (m pl) de neblina	sumuvalot	[sumu·ʋalot]
pisca-pisca (m)	kääntymisvalo	[kæ:ntymis·ʋalo]
luz (f) de marcha ré	peruutusvalo	[peru:tus·ʋalo]

148. Carros. Habitáculo

interior (do carro)	sisätila	[sisæ·tila]
de couro	nahka-	[nahka]
de veludo	veluuri-	[ʋelu:ri]
estofamento (m)	verhoilu	[ʋerhojlu]
indicador (m)	koje	[koje]
painel (m)	kojelauta	[koje·lauta]

| velocímetro (m) | nopeusmittari | [nopeus·mittari] |
| ponteiro (m) | osoitin | [osojtin] |

hodômetro, odômetro (m)	matkamittari	[matka·mittari]
indicador (m)	indikaattori	[indika:ttori]
nível (m)	taso	[taso]
luz (f) de aviso	varoitusvalo	[varoitus·valo]

volante (m)	ratti	[ratti]
buzina (f)	torvi	[torvi]
botão (m)	painike	[pajnike]
interruptor (m)	kytkin	[kytkin]

assento (m)	istuin	[istujn]
costas (f pl) do assento	selkänoja	[selkænoja]
cabeceira (f)	päänalunen	[pæ:n·alunen]
cinto (m) de segurança	turvavyö	[turva·vyø]
apertar o cinto	kiinnittää turvavyö	[ki:nnittæ: turva·vyø]
ajuste (m)	säätö	[sæ:tø]

| airbag (m) | turvatyyny | [turva·ty:ny] |
| ar (m) condicionado | ilmastointilaite | [ilmastojnti·lajte] |

rádio (m)	radio	[radio]
leitor (m) de CD	CD-levysoitin	[sede·levysojtin]
ligar (vt)	avata	[avata]
antena (f)	antenni	[antenni]
porta-luvas (m)	hansikaslokero	[hansikas·lokero]
cinzeiro (m)	tuhkakuppi	[tuhka·kuppi]

149. Carros. Motor

motor (m)	moottori	[mo:ttori]
a diesel	diesel-	[di:sel]
a gasolina	bensiini-	[bensi:ni]

cilindrada (f)	moottorin tilavuus	[mo:ttorin tilavu:s]
potência (f)	teho	[teho]
cavalo (m) de potência	hevosvoima	[hevos·vojma]
pistão (m)	mäntä	[mæntæ]
cilindro (m)	sylinteri	[sylinteri]
válvula (f)	venttiili	[ventti:li]

injetor (m)	injektori	[injektori]
gerador (m)	generaattori	[genera:ttori]
carburador (m)	kaasutin	[ka:sutin]
óleo (m) de motor	koneöljy	[kone·øljy]

radiador (m)	jäähdytin	[jæ:hdytin]
líquido (m) de arrefecimento	jäähdytysneste	[jæ:hdytys·neste]
ventilador (m)	tuuletin	[tu:letin]

| bateria (f) | akku | [akku] |
| dispositivo (m) de arranque | startti | [startti] |

ignição (f)	sytytys	[sytytys]
vela (f) de ignição	sytytystulppa	[sytytys·tulppa]

terminal (m)	liitin	[li:tin]
terminal (m) positivo	plus	[plus]
terminal (m) negativo	miinus	[mi:nus]
fusível (m)	sulake	[sulake]

filtro (m) de ar	ilmasuodatin	[ilma·suodatin]
filtro (m) de óleo	öljysuodatin	[øljy·suodatin]
filtro (m) de combustível	polttoainesuodatin	[polttoajne·suodatin]

150. Carros. Batidas. Reparação

acidente (m) de carro	kolari	[kolari]
acidente (m) rodoviário	liikenneonnettomuus	[li:kenne·onnettomu:s]
bater (~ num muro)	törmätä	[tørmætæ]
sofrer um acidente	rysähtää	[rysæhtæ:]
dano (m)	vaurio	[vaurio]
intato	ehjä	[ehjæ]

pane (f)	hajoaminen	[hajoaminen]
avariar (vi)	mennä rikki	[mennæ rikki]
cabo (m) de reboque	hinausvaijeri	[hinaus·vaijeri]

furo (m)	reikä	[rejkæ]
estar furado	puhjeta	[puhjeta]
encher (vt)	pumpata	[pumpata]
pressão (f)	paine	[pajne]
verificar (vt)	tarkastaa	[tarkasta:]

reparo (m)	korjaus	[korjaus]
oficina (f) automotiva	autopaja, korjaamo	[autopaja], [korja:mo]
peça (f) de reposição	varaosa	[vara·osa]
peça (f)	osa	[osa]

parafuso (com porca)	pultti	[pultti]
parafuso (m)	ruuvi	[ru:vi]
porca (f)	mutteri	[mutteri]
arruela (f)	aluslevy	[alus·levy]
rolamento (m)	laakeri	[la:keri]

tubo (m)	putki	[putki]
junta, gaxeta (f)	tiiviste	[ti:viste]
fio, cabo (m)	johto, johdin	[johto], [johdin]

macaco (m)	tunkki	[tuŋkki]
chave (f) de boca	kiintoavain	[ki:nto·avajn]
martelo (m)	vasara	[vasara]
bomba (f)	pumppu	[pumppu]
chave (f) de fenda	ruuvitaltta	[ru:vi·taltta]

extintor (m)	sammutin	[sammutin]
triângulo (m) de emergência	varoituskolmio	[varojtus·kolmio]

morrer (motor)	sammua	[sɑmmuɑ]
paragem, "morte" (f)	sammutus	[sɑmmutus]
estar quebrado	olla rikki	[ollɑ rikki]

superaquecer-se (vr)	ylikuumentua	[yliku:mentuɑ]
entupir-se (vr)	tukkeutua	[tukkeutuɑ]
congelar-se (vr)	jäätyä	[jæ:tyæ]
rebentar (vi)	haljeta	[hɑljetɑ]

pressão (f)	paine	[pɑjne]
nível (m)	taso	[tɑso]
frouxo (adj)	löysä	[løysæ]

batida (f)	lommo	[lommo]
ruído (m)	poikkeava ääni	[poikkeɑvɑ æ:ni]
fissura (f)	halkeama	[hɑlkeɑmɑ]
arranhão (m)	naarmu	[nɑ:rmu]

151. Carros. Estrada

estrada (f)	tie	[tie]
autoestrada (f)	moottoritie	[mo:ttoritie]
rodovia (f)	maantie	[mɑ:ntie]
direção (f)	suunta	[su:ntɑ]
distância (f)	välimatka	[ʋæli·mɑtkɑ]

ponte (f)	silta	[siltɑ]
parque (m) de estacionamento	parkkipaikka	[pɑrkki·pɑjkkɑ]
praça (f)	aukio	[ɑukio]
nó (m) rodoviário	eritasoliittymä	[eritɑso·li:ttymæ]
túnel (m)	tunneli	[tunneli]

posto (m) de gasolina	bensiiniasema	[bensi:ni·ɑsemɑ]
parque (m) de estacionamento	parkkipaikka	[pɑrkki·pɑjkkɑ]
bomba (f) de gasolina	bensiinipumppu	[bensi:ni·pumppu]
oficina (f) automotiva	autopaja, korjaamo	[ɑutopɑjɑ], [korjɑ:mo]
abastecer (vt)	tankata	[tɑŋkɑtɑ]
combustível (m)	polttoaine	[poltto·ɑjne]
galão (m) de gasolina	jerrykannu	[jerry·kɑnnu]

asfalto (m)	asfaltti	[ɑsfɑltti]
marcação (f) de estradas	ajoratamerkintä	[ɑjorɑtɑ·merkintæ]
meio-fio (m)	reunakiveys	[reunɑ·kiʋeus]
guard-rail (m)	suojakaide	[suojɑ·kɑjde]
valeta (f)	oja	[ojɑ]
acostamento (m)	piennar	[pænnɑr]
poste (m) de luz	pylväs	[pylʋæs]

dirigir (vt)	ajaa	[ɑjɑ:]
virar (~ para a direita)	kääntää	[kæ:ntæ:]
dar retorno	tehdä u-käännös	[tehdæ u:kæ:nnøs]
ré (f)	peruutusvaihde	[peru:tus·ʋɑjhde]
buzinar (vi)	tuutata	[tu:tɑtɑ]
buzina (f)	auton tuuttaus	[ɑuton tu:ttɑus]

atolar-se (vr)	juuttua	[juːttuɑ]
patinar (na lama)	pyöriä tyhjää	[pyøriæ tyhjæː]
desligar (vt)	sammuttaa	[sɑmmuttɑː]
velocidade (f)	nopeus	[nopeus]
exceder a velocidade	ajaa ylinopeutta	[ɑjɑː ylinopeuttɑ]
multar (vt)	sakottaa	[sɑkottɑː]
semáforo (m)	liikennevalot	[liːkenne·ʋɑlot]
carteira (f) de motorista	ajokortti	[ɑjo·kortti]
passagem (f) de nível	tasoylikäytävä	[tɑso·ylikæytæʋæ]
cruzamento (m)	risteys	[risteys]
faixa (f)	suojatie	[suojɑtæ]
curva (f)	mutka	[mutkɑ]
zona (f) de pedestres	kävelykatu	[kæʋely·kɑtu]

PESSOAS. EVENTOS

Eventos

152. Férias. Evento

festa (f)	juhla	[juhla]
feriado (m) nacional	kansallisjuhla	[kansallis·juhla]
feriado (m)	juhlapäivä	[juhla·pæjʋæ]
festejar (vt)	juhlia	[juhlia]
evento (festa, etc.)	tapahtuma	[tapahtuma]
evento (banquete, etc.)	tapahtuma	[tapahtuma]
banquete (m)	banketti	[baŋketti]
recepção (f)	vastaanotto	[ʋasta:notto]
festim (m)	juhlat	[juhlat]
aniversário (m)	vuosipäivä	[ʋuosi·pæjʋæ]
jubileu (m)	juhla, vuosipäivä	[juhla], [ʋuosi·pæjʋæ]
celebrar (vt)	juhlia	[juhlia]
Ano (m) Novo	uusivuosi	[u:si·ʋuosi]
Feliz Ano Novo!	Hyvää uutta vuotta!	[hyʋæ: u:tta ʋuotta]
Papai Noel (m)	Joulupukki	[joulu·pukki]
Natal (m)	Joulu	[joulu]
Feliz Natal!	Hyvää joulua!	[hyʋæ: joulua]
árvore (f) de Natal	joulukuusi	[joulu·ku:si]
fogos (m pl) de artifício	ilotulitus	[ilo·tulitus]
casamento (m)	häät	[hæ:t]
noivo (m)	sulhanen	[sulhanen]
noiva (f)	morsian	[morsian]
convidar (vt)	kutsua	[kutsua]
convite (m)	kutsu, kutsukirje	[kutsu], [kutsu·kirje]
convidado (m)	vieras	[ʋieras]
visitar (vt)	käydä kylässä	[kæydæ kylæssæ]
receber os convidados	tervehtiä vieraat	[terʋehtiæ ʋiera:t]
presente (m)	lahja	[lahja]
oferecer, dar (vt)	lahjoittaa	[lahjoitta:]
receber presentes	saada lahjat	[sa:da lahjat]
buquê (m) de flores	kukkakimppu	[kukka·kimppu]
felicitações (f pl)	onnittelu	[onnittelu]
felicitar (vt)	onnitella	[onnitella]
cartão (m) de parabéns	onnittelukortti	[onnittelu·kortti]

| enviar um cartão postal | lähettää kortti | [læhettæ: kortti] |
| receber um cartão postal | saada kortti | [sɑ:dɑ kortti] |

brinde (m)	maljapuhe	[mɑljɑ·puɦe]
oferecer (vt)	kestitä	[kestitæ]
champanhe (m)	samppanja	[sɑmppɑnjɑ]

divertir-se (vr)	huvitella	[huʋitellɑ]
diversão (f)	ilo, hilpeys	[ilo], [hilpeys]
alegria (f)	ilo	[ilo]

| dança (f) | tanssi | [tɑnssi] |
| dançar (vi) | tanssia | [tɑnssiɑ] |

| valsa (f) | valssi | [ʋɑlssi] |
| tango (m) | tango | [tɑŋo] |

153. Funerais. Enterro

cemitério (m)	hautausmaa	[hɑutɑusmɑ:]
sepultura (f), túmulo (m)	hauta	[hɑutɑ]
cruz (f)	risti	[risti]
lápide (f)	hautamuistomerkki	[hɑutɑmujsto·merkki]
cerca (f)	aita	[ɑjtɑ]
capela (f)	kappeli	[kɑppeli]

morte (f)	kuolema	[kuolemɑ]
morrer (vi)	kuolla	[kuollɑ]
defunto (m)	vainaja	[ʋɑjnɑjɑ]
luto (m)	sureminen	[sureminen]

enterrar, sepultar (vt)	haudata	[hɑudɑtɑ]
funerária (f)	hautaustoimisto	[hɑutɑus·tojmisto]
funeral (m)	hautajaiset	[hɑutɑjaiset]

coroa (f) de flores	seppele	[seppele]
caixão (m)	ruumisarkku	[ru:mis·ɑrkku]
carro (m) funerário	ruumisvaunut	[ru:mis·ʋɑunut]
mortalha (f)	käärinliina	[kæ:rin·li:nɑ]

procissão (f) funerária	hautajaissaatto	[hɑutɑjais·sɑ:tto]
urna (f) funerária	uurna	[u:rnɑ]
crematório (m)	krematorio	[kremɑtorio]

obituário (m), necrologia (f)	muistokirjoitus	[mujsto·kirjoitus]
chorar (vi)	itkeä	[itkeæ]
soluçar (vi)	nyyhkyttää	[ny:hkyttæ:]

154. Guerra. Soldados

| pelotão (m) | joukkue | [joukkue] |
| companhia (f) | komppania | [komppɑnia] |

regimento (m)	rykmentti	[rykmentti]
exército (m)	armeija	[armeja]
divisão (f)	divisioona	[diʋisio:na]
esquadrão (m)	joukko	[joukko]
hoste (f)	armeija	[armeja]
soldado (m)	sotilas	[sotilas]
oficial (m)	upseeri	[upse:ri]
soldado (m) raso	sotamies	[sotamies]
sargento (m)	kersantti	[kersantti]
tenente (m)	luutnantti	[lu:tnantti]
capitão (m)	kapteeni	[kapte:ni]
major (m)	majuri	[majuri]
coronel (m)	eversti	[eʋersti]
general (m)	kenraali	[kenra:li]
marujo (m)	merimies	[merimies]
capitão (m)	kapteeni	[kapte:ni]
contramestre (m)	pursimies	[pursimies]
artilheiro (m)	tykkimies	[tykkimies]
soldado (m) paraquedista	desantti	[desantti]
piloto (m)	lentäjä	[lentæjæ]
navegador (m)	perämies	[peræmies]
mecânico (m)	konemestari	[kone·mestari]
sapador-mineiro (m)	pioneeri	[pione:ri]
paraquedista (m)	laskuvarjohyppääjä	[lasku·ʋarjoɦyppæ:jæ]
explorador (m)	tiedustelija	[tiedustelija]
atirador (m) de tocaia	tarkka-ampuja	[tarkka·ampuja]
patrulha (f)	partio	[partio]
patrulhar (vt)	partioida	[partiojda]
sentinela (f)	vartiomies	[ʋartiomies]
guerreiro (m)	soturi	[soturi]
patriota (m)	patriootti	[patrio:tti]
herói (m)	sankari	[saŋkari]
heroína (f)	sankaritar	[saŋkaritar]
traidor (m)	pettäjä, petturi	[pettæjæ], [petturi]
trair (vt)	pettää	[pettæ:]
desertor (m)	karkuri	[karkuri]
desertar (vt)	karata	[karata]
mercenário (m)	palkkasoturi	[palkka·soturi]
recruta (m)	alokas	[alokas]
voluntário (m)	vapaaehtoinen	[ʋapa:ehtojnen]
morto (m)	kaatunut	[ka:tunut]
ferido (m)	haavoittunut	[ha:ʋojttunut]
prisioneiro (m) de guerra	sotavanki	[sota·ʋaŋki]

155. Guerra. Ações militares. Parte 1

guerra (f)	sota	[sota]
guerrear (vt)	sotia	[sotia]
guerra (f) civil	kansalaissota	[kansalajs·sota]
perfidamente	petollisesti	[petollisesti]
declaração (f) de guerra	sodanjulistus	[sodan·julistus]
declarar guerra	julistaa	[julista:]
agressão (f)	aggressio	[aggressio]
atacar (vt)	hyökätä	[hyøkætæ]
invadir (vt)	hyökätä	[hyøkætæ]
invasor (m)	hyökkääjä	[hyøkkæ:jæ]
conquistador (m)	valloittaja	[ʋallojttaja]
defesa (f)	puolustus	[puolustus]
defender (vt)	puolustaa	[puolusta:]
defender-se (vr)	puolustautua	[puolustautua]
inimigo (m)	vihollinen	[ʋiɦollinen]
adversário (m)	vastustaja	[ʋastustaja]
inimigo (adj)	vihollisen	[ʋiɦollisen]
estratégia (f)	strategia	[strategia]
tática (f)	taktiikka	[takti:kka]
ordem (f)	käsky	[kæsky]
comando (m)	komento	[komento]
ordenar (vt)	käskeä	[kæskeæ]
missão (f)	tehtävä	[tehtæʋæ]
secreto (adj)	salainen	[salajnen]
batalha (f), combate (m)	taistelu	[taistelu]
batalha (f)	kamppailu	[kamppajlu]
combate (m)	taistelu	[taistelu]
ataque (m)	hyökkäys	[hyøkkæys]
assalto (m)	rynnäkkö	[rynnækkø]
assaltar (vt)	rynnätä	[rynnætæ]
assédio, sítio (m)	piiritys	[pi:ritys]
ofensiva (f)	hyökkäys	[hyøkkæys]
tomar à ofensiva	hyökätä	[hyøkætæ]
retirada (f)	vetäytyminen	[ʋetæytyminen]
retirar-se (vr)	vetäytyä	[ʋetæytyæ]
cerco (m)	motti	[motti]
cercar (vt)	motittaa	[motitta:]
bombardeio (m)	pommitus	[pommitus]
lançar uma bomba	heittää pommi	[hejttæ: pommi]
bombardear (vt)	pommittaa	[pommitta:]
explosão (f)	räjähdys	[ræjæhdys]
tiro (m)	laukaus	[laukaus]

| dar um tiro | laukaista | [laukajsta] |
| tiroteio (m) | ammunta | [ammunta] |

apontar para ...	tähdätä	[tæhdætæ]
apontar (vt)	suunnata	[su:nnata]
acertar (vt)	osua	[osua]

afundar (~ um navio, etc.)	upottaa	[upotta:]
brecha (f)	aukko	[aukko]
afundar-se (vr)	upota	[upota]

frente (m)	rintama	[rintama]
evacuação (f)	evakuointi	[euakuojnti]
evacuar (vt)	evakuoida	[euakuojda]

trincheira (f)	taisteluhauta	[tajstelu·hauta]
arame (m) enfarpado	piikkilanka	[pi:kki·laŋka]
barreira (f) anti-tanque	este	[este]
torre (f) de vigia	torni	[torni]

hospital (m) militar	sotilassairaala	[sotilas·sajra:la]
ferir (vt)	haavoittaa	[ha:uojtta:]
ferida (f)	haava	[ha:ua]
ferido (m)	haavoittunut	[ha:uojttunut]
ficar ferido	haavoittua	[ha:uojttua]
grave (ferida ~)	vakava	[uakaua]

156. Armas

arma (f)	ase	[ase]
arma (f) de fogo	ampuma-ase	[ampuma·ase]
arma (f) branca	teräase	[teræase]

arma (f) química	kemiallinen ase	[kemiallinen ase]
nuclear (adj)	ydin-	[ydin]
arma (f) nuclear	ydinase	[ydin·ase]

| bomba (f) | pommi | [pommi] |
| bomba (f) atômica | ydinpommi | [ydin·pommi] |

pistola (f)	pistooli	[pisto:li]
rifle (m)	kivääri	[kiuæ:ri]
semi-automática (f)	konepistooli	[kone·pisto:li]
metralhadora (f)	konekivääri	[kone·kiuæ:ri]

boca (f)	suu	[su:]
cano (m)	piippu	[pi:ppu]
calibre (m)	kaliiperi	[kali:peri]

gatilho (m)	liipaisin	[li:pajsin]
mira (f)	tähtäin	[tæhtæjn]
carregador (m)	lipas	[lipas]
coronha (f)	perä	[peræ]
granada (f) de mão	käsikranaatti	[kæsi·krana:tti]

explosivo (m)	räjähdysaine	[ræjæhdys·ajne]
bala (f)	luoti	[luoti]
cartucho (m)	patruuna	[patru:na]
carga (f)	panos	[panos]
munições (f pl)	ampumatarvikkeet	[ampuma·tarʋikke:t]
bombardeiro (m)	pommikone	[pommi·kone]
avião (m) de caça	hävittäjä	[hæʋittæjæ]
helicóptero (m)	helikopteri	[helikopteri]
canhão (m) antiaéreo	ilmatorjuntatykki	[ilmatorjunta·tykki]
tanque (m)	panssarivaunu	[panssari·ʋaunu]
canhão (de um tanque)	tykki	[tykki]
artilharia (f)	tykistö	[tykistø]
canhão (m)	tykki	[tykki]
fazer a pontaria	suunnata	[su:nnata]
projétil (m)	ammus	[ammus]
granada (f) de morteiro	kranaatti	[krana:tti]
morteiro (m)	kranaatinheitin	[krana:tin·hejtin]
estilhaço (m)	sirpale	[sirpale]
submarino (m)	sukellusvene	[sukellus·ʋene]
torpedo (m)	torpedo	[torpedo]
míssil (m)	raketti	[raketti]
carregar (uma arma)	ladata	[ladata]
disparar, atirar (vi)	ampua	[ampua]
apontar para …	tähdätä	[tæhdætæ]
baioneta (f)	pistin	[pistin]
espada (f)	pistomiekka	[pisto·miekka]
sabre (m)	sapeli	[sapeli]
lança (f)	keihäs	[kejhæs]
arco (m)	jousi	[jousi]
flecha (f)	nuoli	[nuoli]
mosquete (m)	musketti	[musketti]
besta (f)	jalkajousi	[jalka·jousi]

157. Povos da antiguidade

primitivo (adj)	alkukantainen	[alkukantajnen]
pré-histórico (adj)	esihistoriallinen	[esihistoriallinen]
antigo (adj)	muinainen	[mujnajnen]
Idade (f) da Pedra	kivikausi	[kiʋi·kausi]
Idade (f) do Bronze	pronssikausi	[pronssi·kausi]
Era (f) do Gelo	jääkausi	[jæ:kausi]
tribo (f)	heimo	[hejmo]
canibal (m)	ihmissyöjä	[ihmis·syøjæ]
caçador (m)	metsästäjä	[metsæstæjæ]
caçar (vi)	metsästää	[metsæstæ:]

mamute (m)	mammutti	[mammutti]
caverna (f)	luola	[luola]
fogo (m)	tuli	[tuli]
fogueira (f)	nuotio	[nuotio]
pintura (f) rupestre	kalliomaalaus	[kallio·ma:laus]

ferramenta (f)	työväline	[tyø·uæline]
lança (f)	keihäs	[kejhæs]
machado (m) de pedra	kivikirves	[kiui·kirues]
guerrear (vt)	sotia	[sotia]
domesticar (vt)	kesyttää	[kesyttæ:]

ídolo (m)	epäjumala	[epæ·jumala]
adorar, venerar (vt)	palvoa	[paluoa]
superstição (f)	taikausko	[tajka·usko]
ritual (m)	riitti	[ri:tti]

evolução (f)	evoluutio	[euolu:tio]
desenvolvimento (m)	kehitys	[kehitys]
extinção (f)	katoaminen	[katoaminen]
adaptar-se (vr)	sopeutua	[sopeutua]

arqueologia (f)	arkeologia	[arkeologia]
arqueólogo (m)	arkeologi	[arkeologi]
arqueológico (adj)	muinaistieteellinen	[mujnajs·tiete:llinen]

escavação (sítio)	kaivauskohde	[kajuaus·kohde]
escavações (f pl)	kaivaus	[kajuaus]
achado (m)	löytö	[løytø]
fragmento (m)	katkelma	[katkelma]

158. Idade média

povo (m)	kansa	[kansa]
povos (m pl)	kansat	[kansat]
tribo (f)	heimo	[hejmo]
tribos (f pl)	heimot	[hejmot]

bárbaros (pl)	barbaarit	[barba:rit]
galeses (pl)	gallialaiset	[gallialajset]
godos (pl)	gootit	[go:tit]
eslavos (pl)	slaavit	[sla:uit]
viquingues (pl)	viikingit	[ui:kiŋit]

| romanos (pl) | roomalaiset | [ro:malajset] |
| romano (adj) | roomalainen | [ro:malajnen] |

bizantinos (pl)	bysanttilaiset	[bysanttilajset]
Bizâncio	Bysantti	[bysantti]
bizantino (adj)	bysanttilainen	[bysanttilajnen]

imperador (m)	keisari	[kejsari]
líder (m)	päällikkö	[pæ:llikkø]
poderoso (adj)	voimakas	[uojmakas]

rei (m)	kuningas	[kuniŋɑs]
governante (m)	hallitsija	[hɑllitsijɑ]
cavaleiro (m)	ritari	[ritɑri]
senhor feudal (m)	feodaaliherra	[feodɑ:li·herrɑ]
feudal (adj)	feodaali-	[feodɑ:li]
vassalo (m)	vasalli	[ʋɑsɑlli]
duque (m)	herttua	[herttuɑ]
conde (m)	jaarli	[jɑ:rli]
barão (m)	paroni	[pɑroni]
bispo (m)	piispa	[pi:spɑ]
armadura (f)	haarniska	[hɑ:rniskɑ]
escudo (m)	kilpi	[kilpi]
espada (f)	miekka	[miekkɑ]
viseira (f)	visiiri	[ʋisi:ri]
cota (f) de malha	silmukkapanssari	[silmukkɑ·pɑnssɑri]
cruzada (f)	ristiretki	[risti·retki]
cruzado (m)	ristiretkeläinen	[ristiretke·læjnen]
território (m)	alue	[ɑlue]
atacar (vt)	hyökätä	[hyøkætæ]
conquistar (vt)	valloittaa	[ʋɑllojttɑ:]
ocupar, invadir (vt)	miehittää	[miehittæ:]
assédio, sítio (m)	piiritys	[pi:ritys]
sitiado (adj)	piiritetty	[pi:ritetty]
assediar, sitiar (vt)	piirittää	[pi:rittæ:]
inquisição (f)	inkvisitio	[iŋkʋisitio]
inquisidor (m)	inkvisiittori	[iŋkʋisi:ttori]
tortura (f)	kidutus	[kidutus]
cruel (adj)	julma	[julmɑ]
herege (m)	harhaoppinen	[hɑrhɑoppinen]
heresia (f)	harhaoppi	[hɑrhɑ·oppi]
navegação (f) marítima	merenkulku	[mereŋ·kulku]
pirata (m)	merirosvo	[meri·rosʋo]
pirataria (f)	merirosvous	[meri·rosʋous]
abordagem (f)	entraus	[entrɑus]
presa (f), butim (m)	saalis	[sɑ:lis]
tesouros (m pl)	aarteet	[ɑ:rte:t]
descobrimento (m)	löytö	[løytø]
descobrir (novas terras)	avata	[ɑʋɑtɑ]
expedição (f)	retki	[retki]
mosqueteiro (m)	muskettisoturi	[musketti·soturi]
cardeal (m)	kardinaali	[kɑrdinɑ:li]
heráldica (f)	heraldiikka	[herɑldi:kkɑ]
heráldico (adj)	heraldinen	[herɑldinen]

159. Líder. Chefe. Autoridades

rei (m)	kuningas	[kuniŋas]
rainha (f)	kuningatar	[kuniŋatar]
real (adj)	kuningas-	[kuniŋas]
reino (m)	kuningaskunta	[kuniŋas·kunta]
príncipe (m)	prinssi	[prinssi]
princesa (f)	prinsessa	[prinsessa]
presidente (m)	presidentti	[presidentti]
vice-presidente (m)	varapresidentti	[uara·presidentti]
senador (m)	senaattori	[sena:ttori]
monarca (m)	monarkki	[monarkki]
governante (m)	hallitsija	[hallitsija]
ditador (m)	diktaattori	[dikta:ttori]
tirano (m)	tyranni	[tyranni]
magnata (m)	magnaatti	[magna:tti]
diretor (m)	johtaja	[johtaja]
chefe (m)	esimies	[esimies]
gerente (m)	johtaja	[johtaja]
patrão (m)	pomo	[pomo]
dono (m)	omistaja	[omistaja]
líder (m)	johtaja	[johtaja]
chefe (m)	johtaja	[johtaja]
autoridades (f pl)	viranomaiset	[uiranomajset]
superiores (m pl)	esimiehet	[esimiehet]
governador (m)	kuvernööri	[kuuernø:ri]
cônsul (m)	konsuli	[konsuli]
diplomata (m)	diplomaatti	[diploma:tti]
Presidente (m) da Câmara	kaupunginjohtaja	[kaupuŋin·johtaja]
xerife (m)	seriffi	[seriffi]
imperador (m)	keisari	[kejsari]
czar (m)	tsaari	[tsa:ri]
faraó (m)	farao	[farao]
cã, khan (m)	kaani	[ka:ni]

160. Violação da lei. Criminosos. Parte 1

bandido (m)	rosvo	[rosuo]
crime (m)	rikos	[rikos]
criminoso (m)	rikollinen	[rikollinen]
ladrão (m)	varas	[uaras]
roubar (vt)	varastaa	[uarasta:]
furto, roubo (m)	varkaus	[uarkaus]
furto (m)	varkaus	[uarkaus]
raptar, sequestrar (vt)	kidnapata	[kidnapata]

147

sequestro (m)	ihmisryöstö	[ihmis·ryøstø]
sequestrador (m)	ihmisryöstäjä	[ihmis·ryøstæjæ]
resgate (m)	lunnaat	[lunnɑ:t]
pedir resgate	vaatia lunnaat	[ʋɑ:tia lunnɑ:t]
roubar (vt)	ryöstää	[ryøstæ:]
assalto, roubo (m)	ryöstö	[ryøstø]
assaltante (m)	ryöstäjä	[ryøstæjæ]
extorquir (vt)	kiristää	[kiristæ:]
extorsionário (m)	kiristäjä	[kiristæjæ]
extorsão (f)	kiristys	[kiristys]
matar, assassinar (vt)	murhata	[murhɑta]
homicídio (m)	murha	[murha]
homicida, assassino (m)	murhaaja	[murhɑ:ja]
tiro (m)	laukaus	[laukaus]
dar um tiro	laukaista	[laukajsta]
matar a tiro	ampua alas	[ampua alas]
disparar, atirar (vi)	ampua	[ampua]
tiroteio (m)	ammunta	[ammunta]
incidente (m)	tapahtuma	[tapahtuma]
briga (~ de rua)	tappelu	[tappelu]
vítima (f)	uhri	[uhri]
danificar (vt)	vaurioittaa	[ʋauriojtta:]
dano (m)	vahinko	[ʋahiŋko]
cadáver (m)	ruumis	[ru:mis]
grave (adj)	törkeä	[tørkeæ]
atacar (vt)	hyökätä	[hyøkætæ]
bater (espancar)	lyödä	[lyødæ]
espancar (vt)	hakata	[hakata]
tirar, roubar (dinheiro)	rosvota	[rosʋota]
esfaquear (vt)	puukottaa	[pu:kotta:]
mutilar (vt)	vammauttaa	[ʋammautta:]
ferir (vt)	haavoittaa	[ha:ʋojtta:]
chantagem (f)	kiristys	[kiristys]
chantagear (vt)	kiristää	[kiristæ:]
chantagista (m)	kiristäjä	[kiristæjæ]
extorsão (f)	suojelurahan kiristys	[suojelurahan kiristys]
extorsionário (m)	kiristäjä	[kiristæjæ]
gângster (m)	gangsteri	[gaŋsteri]
máfia (f)	mafia	[mafia]
punguista (m)	taskuvaras	[tasku·ʋaras]
assaltante, ladrão (m)	murtovaras	[murto·ʋaras]
contrabando (m)	salakuljetus	[sala·kuljetus]
contrabandista (m)	salakuljettaja	[sala·kuljettaja]
falsificação (f)	väärennös	[ʋæ:rennøs]
falsificar (vt)	väärentää	[ʋæ:rentæ:]
falsificado (adj)	väärennetty	[ʋæ:rennetty]

161. Violação da lei. Criminosos. Parte 2

estupro (m)	raiskaus	[rɑjskɑus]
estuprar (vt)	raiskata	[rɑjskɑtɑ]
estuprador (m)	raiskaaja	[rɑjskɑ:jɑ]
maníaco (m)	maanikko	[mɑ:nikko]
prostituta (f)	prostituoitu	[prostituojtu]
prostituição (f)	prostituutio	[prostitu:tio]
cafetão (m)	sutenööri	[sutenø:ri]
drogado (m)	narkomaani	[nɑrkomɑ:ni]
traficante (m)	huumekauppias	[hu:me·kɑuppiɑs]
explodir (vt)	räjäyttää	[ræjæyttæ:]
explosão (f)	räjähdys	[ræjæhdys]
incendiar (vt)	sytyttää	[sytyttæ:]
incendiário (m)	tuhopolttaja	[tuho·polttɑjɑ]
terrorismo (m)	terrorismi	[terrorismi]
terrorista (m)	terroristi	[terroristi]
refém (m)	panttivanki	[pɑntti·uɑŋki]
enganar (vt)	pettää	[pettæ:]
engano (m)	petos	[petos]
vigarista (m)	huijari	[huijɑri]
subornar (vt)	lahjoa	[lɑhjoɑ]
suborno (atividade)	lahjonta	[lɑhjontɑ]
suborno (dinheiro)	lahjus	[lɑhjus]
veneno (m)	myrkky	[myrkky]
envenenar (vt)	myrkyttää	[myrkyttæ:]
envenenar-se (vr)	myrkyttää itsensä	[myrkyttæ: itsensɑ]
suicídio (m)	itsemurha	[itse·murhɑ]
suicida (m)	itsemurhaaja	[itse·murhɑ:jɑ]
ameaçar (vt)	uhata	[uhɑtɑ]
ameaça (f)	uhkaus	[uhkɑus]
atentar contra a vida de …	tehdä murhayritys	[tehdæ murhɑyritys]
atentado (m)	murhayritys	[murhɑ·yritys]
roubar (um carro)	viedä	[uiedæ]
sequestrar (um avião)	kaapata	[kɑ:pɑtɑ]
vingança (f)	kosto	[kosto]
vingar (vt)	kostaa	[kostɑ:]
torturar (vt)	kiduttaa	[kiduttɑ:]
tortura (f)	kidutus	[kidutus]
atormentar (vt)	piinata	[pi:nɑtɑ]
pirata (m)	merirosvo	[meri·rosuo]
desordeiro (m)	huligaani	[huligɑ:ni]

armado (adj)	aseellinen	[ɑseːllinen]
violência (f)	väkivalta	[ʋækiʋɑltɑ]
ilegal (adj)	laiton	[lɑjton]

| espionagem (f) | vakoilu | [ʋɑkojlu] |
| espionar (vi) | vakoilla | [ʋɑkojllɑ] |

162. Polícia. Lei. Parte 1

| justiça (sistema de ~) | oikeus | [ojkeus] |
| tribunal (m) | tuomioistuin | [tuomiojstuin] |

juiz (m)	tuomari	[tuomɑri]
jurados (m pl)	valamiehistö	[ʋɑlɑmie·histø]
tribunal (m) do júri	valamiesoikeus	[ʋɑlɑmies·ojkeus]
julgar (vt)	tuomita	[tuomitɑ]

advogado (m)	asianajaja	[ɑsiɑnɑjɑjɑ]
réu (m)	syytetty	[syːtetty]
banco (m) dos réus	syytettyjen penkki	[syːtettyjen peŋkki]

| acusação (f) | syyte | [syːte] |
| acusado (m) | syytetty | [syːtetty] |

| sentença (f) | tuomio | [tuomio] |
| sentenciar (vt) | tuomita | [tuomitɑ] |

culpado (m)	syypää	[syːpæː]
punir (vt)	rangaista	[rɑŋɑjstɑ]
punição (f)	rangaistus	[rɑŋɑjstus]

multa (f)	sakko	[sɑkko]
prisão (f) perpétua	elinkautinen	[eliŋkautinen
	vankeustuomio	ʋɑŋkeus·tuomio]

pena (f) de morte	kuolemanrangaistus	[kuolemɑn·rɑŋɑjstus]
cadeira (f) elétrica	sähkötuoli	[sæhkø·tuoli]
forca (f)	hirsipuu	[hirsipuː]

| executar (vt) | teloittaa | [telojttɑː] |
| execução (f) | teloitus | [telojtus] |

| prisão (f) | vankila | [ʋɑŋkilɑ] |
| cela (f) de prisão | selli | [selli] |

escolta (f)	saattovartio	[sɑːtto·ʋɑrtio]
guarda (m) prisional	vanginvartija	[ʋɑŋin·ʋɑrtijɑ]
preso, prisioneiro (m)	vanki	[ʋɑŋki]

| algemas (f pl) | käsiraudat | [kæsi·rɑudɑt] |
| algemar (vt) | panna käsirautoihin | [pɑnnɑ kæsi·rɑutojhin] |

fuga, evasão (f)	karkaus	[kɑrkɑus]
fugir (vi)	karata	[kɑrɑtɑ]
desaparecer (vi)	kadota	[kɑdotɑ]

soltar, libertar (vt)	vapauttaa	[ʋɑpɑutːɑ:]
anistia (f)	armahdus	[ɑrmɑhdus]

polícia (instituição)	poliisi	[poli:si]
polícia (m)	poliisi	[poli:si]
delegacia (f) de polícia	poliisiasema	[poli:si·ɑsemɑ]
cassetete (m)	kumipamppu	[kumi·pɑmppu]
megafone (m)	megafoni	[megɑfoni]

carro (m) de patrulha	vartioauto	[ʋɑrtio·ɑuto]
sirene (f)	sireeni	[sire:ni]
ligar a sirene	käynnistää sireeni	[kæynnistæ: sire:ni]
toque (m) da sirene	sireenin ulvonta	[sire:nin ulʋonta]

cena (f) do crime	tapahtumapaikka	[tɑpɑhtumɑ·pɑjkkɑ]
testemunha (f)	todistaja	[todistɑjɑ]
liberdade (f)	vapaus	[ʋɑpɑus]
cúmplice (m)	rikoskumppani	[rikos·kumppɑni]
escapar (vi)	paeta	[pɑetɑ]
traço (não deixar ~s)	jälki	[jælki]

163. Polícia. Lei. Parte 2

procura (f)	etsintä	[etsintæ]
procurar (vt)	etsiä	[etsiæ]
suspeita (f)	epäily	[epæjly]
suspeito (adj)	epäilyttävä	[epæjlyttæʋæ]
parar (veículo, etc.)	pysäyttää	[pysæyttæ:]
deter (fazer parar)	pidättää	[pidættæ:]

caso (~ criminal)	asia	[ɑsiɑ]
investigação (f)	tutkinta	[tutkintɑ]
detetive (m)	etsivä	[etsiʋæ]
investigador (m)	rikostutkija	[rikos·tutkijɑ]
versão (f)	hypoteesi	[hypote:si]

motivo (m)	motiivi	[moti:ʋi]
interrogatório (m)	kuulustelu	[ku:lustelu]
interrogar (vt)	kuulustella	[ku:lustellɑ]
questionar (vt)	kuulustella	[ku:lustellɑ]
verificação (f)	tarkastus	[tɑrkɑstus]

batida (f) policial	ratsia	[rɑtsiɑ]
busca (f)	etsintä	[etsintæ]
perseguição (f)	takaa-ajo	[tɑkɑ:ɑjo]
perseguir (vt)	ajaa takaa	[ɑjɑ: tɑkɑ:]
seguir, rastrear (vt)	jäljittää	[jæljittæ:]

prisão (f)	vangitseminen	[ʋɑŋitseminen]
prender (vt)	vangita	[ʋɑŋitɑ]
pegar, capturar (vt)	ottaa kiinni	[ottɑ: ki:nni]
captura (f)	vangitseminen	[ʋɑŋitseminen]
documento (m)	asiakirja	[ɑsiɑ·kirjɑ]
prova (f)	todiste	[todiste]

provar (vt)	todistaa	[todista:]
pegada (f)	jalanjälki	[jalan·jælki]
impressões (f pl) digitais	sormenjäljet	[sormen·jæljet]
prova (f)	todiste	[todiste]
álibi (m)	alibi	[alibi]
inocente (adj)	syytön	[sy:tøn]
injustiça (f)	epäoikeudenmukaisuus	[epæojkeuden·mukajsu:s]
injusto (adj)	epäoikeudenmukainen	[epæojkeuden·mukajnen]
criminal (adj)	rikollinen	[rikollinen]
confiscar (vt)	takavarikoida	[takauarikojda]
droga (f)	huume	[hu:me]
arma (f)	ase	[ase]
desarmar (vt)	riisua aseista	[ri:sua asejsta]
ordenar (vt)	käskeä	[kæskeæ]
desaparecer (vi)	kadota	[kadota]
lei (f)	laki	[laki]
legal (adj)	laillinen	[lajllinen]
ilegal (adj)	laiton	[lajton]
responsabilidade (f)	vastuu	[uastu:]
responsável (adj)	vastuunalainen	[uastu:nalajnen]

NATUREZA

A Terra. Parte 1

164. Espaço sideral

espaço, cosmo (m)	avaruus	[ɑʋɑruːs]
espacial, cósmico (adj)	avaruus-	[ɑʋɑruːs]
espaço (m) cósmico	avaruus	[ɑʋɑruːs]
mundo (m)	maailma	[mɑːjlmɑ]
universo (m)	maailmankaikkeus	[mɑːilmɑn·kɑjkkeus]
galáxia (f)	galaksi	[gɑlɑksi]
estrela (f)	tähti	[tæhti]
constelação (f)	tähtikuvio	[tæhti·kuʋio]
planeta (m)	planeetta	[plɑne:ttɑ]
satélite (m)	satelliitti	[sɑtelliːtti]
meteorito (m)	meteoriitti	[meteoriːtti]
cometa (m)	pyrstötähti	[pyrstø·tæhti]
asteroide (m)	asteroidi	[ɑsterojdi]
órbita (f)	kiertorata	[kierto·rɑtɑ]
girar (vi)	kiertää	[kærtæ:]
atmosfera (f)	ilmakehä	[ilmɑkeħæ]
Sol (m)	Aurinko	[ɑuriŋko]
Sistema (m) Solar	Aurinkokunta	[ɑuriŋko·kuntɑ]
eclipse (m) solar	auringonpimennys	[ɑuriŋon·pimeŋys]
Terra (f)	Maa	[mɑ:]
Lua (f)	Kuu	[ku:]
Marte (m)	Mars	[mɑrs]
Vênus (f)	Venus	[ʋenus]
Júpiter (m)	Jupiter	[jupiter]
Saturno (m)	Saturnus	[sɑturnus]
Mercúrio (m)	Merkurius	[merkurius]
Urano (m)	Uranus	[urɑnus]
Netuno (m)	Neptunus	[neptunus]
Plutão (m)	Pluto	[pluto]
Via Láctea (f)	Linnunrata	[linnun·rɑtɑ]
Ursa Maior (f)	Otava	[otɑʋɑ]
Estrela Polar (f)	Pohjantähti	[pohjɑn·tæhti]
marciano (m)	marsilainen	[mɑrsilɑjnen]
extraterrestre (m)	avaruusolio	[ɑʋɑru:soljo]

| alienígena (m) | avaruusolento | [avaru:s·olento] |
| disco (m) voador | lentävä lautanen | [lentæuæ lautanen] |

espaçonave (f)	avaruusalus	[avaru:s·alus]
estação (f) orbital	avaruusasema	[avaru:s·asema]
lançamento (m)	startti	[startti]

motor (m)	moottori	[mo:ttori]
bocal (m)	suutin	[su:tin]
combustível (m)	polttoaine	[poltto·ajne]

cabine (f)	ohjaamo	[ohja:mo]
antena (f)	antenni	[antenni]
vigia (f)	valoventtiili	[valoventti:li]
bateria (f) solar	aurinkokennosto	[auriŋko·keŋosto]
traje (m) espacial	avaruuspuku	[avaru:s·puku]

| imponderabilidade (f) | painottomuus | [pajnottomu:s] |
| oxigênio (m) | happi | [happi] |

| acoplagem (f) | telakointi | [telakojnti] |
| fazer uma acoplagem | tehdä telakointi | [tehdæ telakojnti] |

observatório (m)	observatorio	[observatorio]
telescópio (m)	teleskooppi	[telesko:ppi]
observar (vt)	tarkkailla	[tarkkajlla]
explorar (vt)	tutkia	[tutkia]

165. A Terra

Terra (f)	Maa	[ma:]
globo terrestre (Terra)	maapallo	[ma:pallo]
planeta (m)	planeetta	[plane:tta]

atmosfera (f)	ilmakehä	[ilmakehæ]
geografia (f)	maantiede	[ma:n·tiede]
natureza (f)	luonto	[luonto]

globo (mapa esférico)	karttapallo	[kartta·pallo]
mapa (m)	kartta	[kartta]
atlas (m)	atlas	[atlas]

| Europa (f) | Eurooppa | [euro:ppa] |
| Ásia (f) | Aasia | [a:sia] |

| África (f) | Afrikka | [afrikka] |
| Austrália (f) | Australia | [australia] |

América (f)	Amerikka	[amerikka]
América (f) do Norte	Pohjois-Amerikka	[pohjois·amerikka]
América (f) do Sul	Etelä-Amerikka	[etelæ·amerikka]

| Antártida (f) | Etelämanner | [etelæmanner] |
| Ártico (m) | Arktis | [arktis] |

166. Pontos cardeais

norte (m)	pohjola	[pohjola]
para norte	pohjoiseen	[pohjoise:n]
no norte	pohjoisessa	[pohjoisessa]
do norte (adj)	pohjois-, pohjoinen	[pohjois], [pohjoinen]

sul (m)	etelä	[etelæ]
para sul	etelään	[etelæ:n]
no sul	etelässä	[etelæssæ]
do sul (adj)	etelä-, eteläinen	[etelæ], [etelæjnen]

oeste, ocidente (m)	länsi	[lænsi]
para oeste	länteen	[lænte:n]
no oeste	lännessä	[lænnessæ]
ocidental (adj)	länsi-, läntinen	[lænsi], [læntinen]

leste, oriente (m)	itä	[itæ]
para leste	itään	[itæ:n]
no leste	idässä	[idæssæ]
oriental (adj)	itä-, itäinen	[itæ], [itæjnen]

167. Mar. Oceano

mar (m)	meri	[meri]
oceano (m)	valtameri	[ʋalta·meri]
golfo (m)	lahti	[lahti]
estreito (m)	salmi	[salmi]

terra (f) firme	maa	[ma:]
continente (m)	manner	[manner]
ilha (f)	saari	[sa:ri]
península (f)	niemimaa	[niemi·ma:]
arquipélago (m)	saaristo	[sa:risto]

baía (f)	lahti, poukama	[lahti], [poukama]
porto (m)	satama	[satama]
lagoa (f)	laguuni	[lagu:ni]
cabo (m)	niemi	[niemi]

atol (m)	atolli	[atolli]
recife (m)	riutta	[riutta]
coral (m)	koralli	[koralli]
recife (m) de coral	koralliriutta	[koralli·riutta]

profundo (adj)	syvä	[syʋæ]
profundidade (f)	syvyys	[syʋy:s]
abismo (m)	syvänne	[syʋænne]
fossa (f) oceânica	hauta	[hauta]

corrente (f)	virta	[ʋirta]
banhar (vt)	huuhdella	[hu:hdella]
litoral (m)	merenranta	[meren·ranta]

costa (f)	rannikko	[rannikko]
maré (f) alta	vuoksi	[ʋuoksi]
refluxo (m)	laskuvesi	[lasku·ʋesi]
restinga (f)	matalikko	[matalikko]
fundo (m)	pohja	[pohja]
onda (f)	aalto	[aːlto]
crista (f) da onda	aallonharja	[aːllon·harja]
espuma (f)	vaahto	[ʋaːhto]
tempestade (f)	myrsky	[myrsky]
furacão (m)	hirmumyrsky	[hirmu·myrsky]
tsunami (m)	tsunami	[tsunami]
calmaria (f)	tyyni	[tyːyni]
calmo (adj)	rauhallinen	[rauhallinen]
polo (m)	napa	[napa]
polar (adj)	napa-, polaarinen	[napa], [polaːrinen]
latitude (f)	leveyspiiri	[leʋeys·piːri]
longitude (f)	pituus	[pituːs]
paralela (f)	leveyspiiri	[leʋeys·piːri]
equador (m)	päiväntasaaja	[pæjʋæn·tasaːja]
céu (m)	taivas	[tajʋas]
horizonte (m)	horisontti	[horisontti]
ar (m)	ilma	[ilma]
farol (m)	majakka	[majakka]
mergulhar (vi)	sukeltaa	[sukeltaː]
afundar-se (vr)	upota	[upota]
tesouros (m pl)	aarteet	[aːrteːt]

168. Montanhas

montanha (f)	vuori	[ʋuori]
cordilheira (f)	vuorijono	[ʋuori·jono]
serra (f)	vuorenharjanne	[ʋuoren·harjanne]
cume (m)	huippu	[hujppu]
pico (m)	vuorenhuippu	[ʋuoren·hujppu]
pé (m)	juuri	[juːri]
declive (m)	rinne	[rinne]
vulcão (m)	tulivuori	[tuli·ʋuori]
vulcão (m) ativo	toimiva tulivuori	[tojmiʋa tuli·ʋuori]
vulcão (m) extinto	sammunut tulivuori	[sammunut tuli·ʋuori]
erupção (f)	purkaus	[purkaus]
cratera (f)	kraatteri	[kraːteri]
magma (m)	magma	[magma]
lava (f)	laava	[laːʋa]
fundido (lava ~a)	sulaa, hehkuva	[sulaː], [hehkuʋa]
cânion, desfiladeiro (m)	kanjoni	[kanjoni]

garganta (f)	rotko	[rotko]
fenda (f)	halkeama	[halkeama]
precipício (m)	kuilu	[kujlu]
passo, colo (m)	sola	[sola]
planalto (m)	ylätasanko	[ylæ·tasaŋko]
falésia (f)	kalju	[kalju]
colina (f)	mäki	[mæki]
geleira (f)	jäätikkö	[jæːtikkø]
cachoeira (f)	vesiputous	[ʋesi·putous]
gêiser (m)	geisir	[gejsir]
lago (m)	järvi	[jærʋi]
planície (f)	tasanko	[tasaŋko]
paisagem (f)	maisema	[majsema]
eco (m)	kaiku	[kajku]
alpinista (m)	vuorikiipeilijä	[ʋuori·kiːpejlijæ]
escalador (m)	vuorikiipeilijä	[ʋuori·kiːpejlijæ]
conquistar (vt)	valloittaa	[ʋallojttaː]
subida, escalada (f)	nousu	[nousu]

169. Rios

rio (m)	joki	[joki]
fonte, nascente (f)	lähde	[læhde]
leito (m) de rio	uoma	[uoma]
bacia (f)	joen vesistö	[joen ʋesistø]
desaguar no ...	laskea	[laskea]
afluente (m)	sivujoki	[siʋu·joki]
margem (do rio)	ranta	[ranta]
corrente (f)	virta	[ʋirta]
rio abaixo	myötävirtaan	[myøtæʋirtaːn]
rio acima	ylävirtaan	[ylæ·ʋirtaːn]
inundação (f)	tulva	[tulʋa]
cheia (f)	kevättulva	[keʋæt·tulʋa]
transbordar (vi)	tulvia	[tulʋia]
inundar (vt)	upottaa	[upottaː]
banco (m) de areia	matalikko	[matalikko]
corredeira (f)	koski	[koski]
barragem (f)	pato	[pato]
canal (m)	kanava	[kanaʋa]
reservatório (m) de água	vedensäiliö	[ʋeden·sæjliø]
eclusa (f)	sulku	[sulku]
corpo (m) de água	vesistö	[ʋesistø]
pântano (m)	suo	[suo]
lamaçal (m)	hete	[hete]

redemoinho (m)	vesipyörre	[ʋesi·pyørre]
riacho (m)	puro	[puro]
potável (adj)	juoma-	[yoma]
doce (água)	makea	[makea]

| gelo (m) | jää | [jæ:] |
| congelar-se (vr) | jäätyä | [jæ:tyæ] |

170. Floresta

| floresta (f), bosque (m) | metsä | [metsæ] |
| florestal (adj) | metsä- | [metsæ] |

mata (f) fechada	tiheikkö	[tiħejkkø]
arvoredo (m)	lehto	[lehto]
clareira (f)	aho	[aħo]

| matagal (m) | tiheikkö | [tiħejkkø] |
| mato (m), caatinga (f) | pensasaro | [pensas·aro] |

| pequena trilha (f) | polku | [polku] |
| ravina (f) | rotko | [rotko] |

árvore (f)	puu	[pu:]
folha (f)	lehti	[lehti]
folhagem (f)	lehvistö	[lehʋistø]

queda (f) das folhas	lehdenlähtö	[lehden·læhtø]
cair (vi)	karista	[karista]
topo (m)	latva	[latʋa]

ramo (m)	oksa	[oksa]
galho (m)	oksa	[oksa]
botão (m)	silmu	[silmu]
agulha (f)	neulanen	[neulanen]
pinha (f)	käpy	[kæpy]

buraco (m) de árvore	pesäkolo	[pesæ·kolo]
ninho (m)	pesä	[pesæ]
toca (f)	kolo	[kolo]

tronco (m)	runko	[ruŋko]
raiz (f)	juuri	[ju:ri]
casca (f) de árvore	kuori	[kuori]
musgo (m)	sammal	[sammal]

arrancar pela raiz	juuria	[ju:ria]
cortar (vt)	hakata	[hakata]
desflorestar (vt)	kaataa puita	[ka:ta: pujta]
toco, cepo (m)	kanto	[kanto]

fogueira (f)	nuotio	[nuotio]
incêndio (m) florestal	metsäpalo	[metsæ·palo]
apagar (vt)	sammuttaa	[sammutta:]

guarda-parque (m)	metsänvartija	[metsæn·ʋɑrtijɑ]
proteção (f)	suojelu	[suojelu]
proteger (a natureza)	suojella	[suojellɑ]
caçador (m) furtivo	salametsästäjä	[sɑlɑ·metsæstæjæ]
armadilha (f)	raudat	[rɑudɑt]

colher (cogumelos)	sienestää	[sienestæ:]
colher (bagas)	marjastaa	[mɑrjɑstɑ:]
perder-se (vr)	eksyä	[eksyæ]

171. Recursos naturais

recursos (m pl) naturais	luonnonvarat	[luonnon·ʋɑrɑt]
minerais (m pl)	fossiiliset resurssit	[fossi:liset resurssit]
depósitos (m pl)	esiintymä	[esi:ntymæ]
jazida (f)	kenttä	[kenttæ]

extrair (vt)	louhia	[louhiɑ]
extração (f)	kaivostoiminta	[kɑjʋos·tojmintɑ]
minério (m)	malmi	[mɑlmi]
mina (f)	kaivos	[kɑjʋos]
poço (m) de mina	kaivos	[kɑjʋos]
mineiro (m)	kaivosmies	[kɑjʋosmies]

| gás (m) | kaasu | [kɑ:su] |
| gasoduto (m) | maakaasuputki | [mɑ:kɑ:su·putki] |

petróleo (m)	öljy	[øljy]
oleoduto (m)	öljyjohto	[øljy·johto]
poço (m) de petróleo	öljynporausreikä	[øljyn·porɑus·rejkæ]
torre (f) petrolífera	öljynporaustorni	[øljyn·porɑus·torni]
petroleiro (m)	tankkilaiva	[tɑŋkki·lɑjʋɑ]
areia (f)	hiekka	[hiekkɑ]
calcário (m)	kalkkikivi	[kɑlkki·kiʋi]
cascalho (m)	sora	[sorɑ]
turfa (f)	turve	[turʋe]
argila (f)	savi	[sɑʋi]
carvão (m)	hiili	[hi:li]

ferro (m)	rauta	[rɑutɑ]
ouro (m)	kulta	[kultɑ]
prata (f)	hopea	[hopeɑ]
níquel (m)	nikkeli	[nikkeli]
cobre (m)	kupari	[kupɑri]

zinco (m)	sinkki	[siŋkki]
manganês (m)	mangaani	[mɑŋɑ:ni]
mercúrio (m)	elohopea	[elo·hopeɑ]
chumbo (m)	lyijy	[lyjy]

mineral (m)	mineraali	[minerɑ:li]
cristal (m)	kristalli	[kristɑlli]
mármore (m)	marmori	[mɑrmori]
urânio (m)	uraani	[urɑ:ni]

A Terra. Parte 2

172. Tempo

tempo (m)	sää	[sæ:]
previsão (f) do tempo	sääennuste	[sæ:ennuste]
temperatura (f)	lämpötila	[læmpøtilɑ]
termômetro (m)	lämpömittari	[læmpø·mittɑri]
barômetro (m)	ilmapuntari	[ilmɑ·puntɑri]
úmido (adj)	kostea	[kosteɑ]
umidade (f)	kosteus	[kosteus]
calor (m)	helle	[helle]
tórrido (adj)	kuuma	[ku:mɑ]
está muito calor	on kuumaa	[on ku:mɑ:]
está calor	on lämmintä	[on læmmintæ]
quente (morno)	lämmin	[læmmin]
está frio	on kylmää	[on kylmæ:]
frio (adj)	kylmä	[kylmæ]
sol (m)	aurinko	[auriŋko]
brilhar (vi)	paistaa	[pɑjstɑ:]
de sol, ensolarado	aurinkoinen	[auriŋkojnen]
nascer (vi)	nousta	[noustɑ]
pôr-se (vr)	istuutua	[istu:tuɑ]
nuvem (f)	pilvi	[pilʋi]
nublado (adj)	pilvinen	[pilʋinen]
nuvem (f) preta	sadepilvi	[sɑde·pilʋi]
escuro, cinzento (adj)	hämärä	[hæmæræ]
chuva (f)	sade	[sɑde]
está a chover	sataa vettä	[sɑtɑ: ʋettæ]
chuvoso (adj)	sateinen	[sɑtejnen]
chuviscar (vi)	vihmoa	[ʋihmoɑ]
chuva (f) torrencial	kaatosade	[kɑ:to·sɑde]
aguaceiro (m)	rankkasade	[rɑŋkkɑ·sɑde]
forte (chuva, etc.)	rankka	[rɑŋkkɑ]
poça (f)	lätäkkö	[lætækkø]
molhar-se (vr)	tulla märäksi	[tulla mæræksi]
nevoeiro (m)	sumu	[sumu]
de nevoeiro	sumuinen	[sumujnen]
neve (f)	lumi	[lumi]
está nevando	sataa lunta	[sɑtɑ: luntɑ]

173. Tempo extremo. Catástrofes naturais

trovoada (f)	ukkonen	[ukkonen]
relâmpago (m)	salama	[salama]
relampejar (vi)	välkkyä	[ʋælkkyæ]
trovão (m)	ukkonen	[ukkonen]
trovejar (vi)	jyristä	[yristæ]
está trovejando	ukkonen jyrisee	[ukkonen yrise:]
granizo (m)	raesade	[raesade]
está caindo granizo	sataa rakeita	[sata: rakejta]
inundar (vt)	upottaa	[upotta:]
inundação (f)	tulva	[tulʋa]
terremoto (m)	maanjäristys	[mɑ:n·jaristys]
abalo, tremor (m)	maantärähdys	[mɑ:n·tæræhdys]
epicentro (m)	episentrumi	[episentrumi]
erupção (f)	purkaus	[purkaus]
lava (f)	laava	[lɑ:ʋa]
tornado (m)	pyörremyrsky	[pyørre·myrsky]
tornado (m)	tornado	[tornado]
tufão (m)	taifuuni	[tajfu:ni]
furacão (m)	hirmumyrsky	[hirmu·myrsky]
tempestade (f)	myrsky	[myrsky]
tsunami (m)	tsunami	[tsunami]
ciclone (m)	sykloni	[sykloni]
mau tempo (m)	koiranilma	[kojran·ilma]
incêndio (m)	palo	[palo]
catástrofe (f)	katastrofi	[katastrofi]
meteorito (m)	meteoriitti	[meteori:tti]
avalanche (f)	lumivyöry	[lumi·ʋyøry]
deslizamento (m) de neve	lumivyöry	[lumi·ʋyøry]
nevasca (f)	pyry	[pyry]
tempestade (f) de neve	pyry	[pyry]

Fauna

174. Mamíferos. Predadores

predador (m)	peto	[peto]
tigre (m)	tiikeri	[tiːkeri]
leão (m)	leijona	[leijona]
lobo (m)	susi	[susi]
raposa (f)	kettu	[kettu]
jaguar (m)	jaguaari	[jaguɑːri]
leopardo (m)	leopardi	[leopɑrdi]
chita (f)	gepardi	[gepɑrdi]
pantera (f)	pantteri	[pantteri]
puma (m)	puuma	[puːmɑ]
leopardo-das-neves (m)	lumileopardi	[lumi·leopɑrdi]
lince (m)	ilves	[ilʊes]
coiote (m)	kojootti	[kojoːtti]
chacal (m)	sakaali	[sɑkɑːli]
hiena (f)	hyeena	[hyeːnɑ]

175. Animais selvagens

animal (m)	eläin	[elæjn]
besta (f)	peto	[peto]
esquilo (m)	orava	[orɑʊɑ]
ouriço (m)	siili	[siːli]
lebre (f)	jänis	[jænis]
coelho (m)	kaniini	[kɑniːni]
texugo (m)	mäyrä	[mæuræ]
guaxinim (m)	pesukarhu	[pesu·karhu]
hamster (m)	hamsteri	[hamsteri]
marmota (f)	murmeli	[murmeli]
toupeira (f)	maamyyrä	[mɑːmyːræ]
rato (m)	hiiri	[hiːri]
ratazana (f)	rotta	[rottɑ]
morcego (m)	lepakko	[lepɑkko]
arminho (m)	kärppä	[kærppæ]
zibelina (f)	soopeli	[soːpeli]
marta (f)	näätä	[næːtæ]
doninha (f)	lumikko	[lumikko]
visom (m)	minkki	[miŋkki]

castor (m)	majava	[majaʋa]
lontra (f)	saukko	[saukko]
cavalo (m)	hevonen	[heʋonen]
alce (m)	hirvi	[hirʋi]
veado (m)	poro	[poro]
camelo (m)	kameli	[kameli]
bisão (m)	biisoni	[biːsoni]
auroque (m)	visentti	[ʋisentti]
búfalo (m)	puhveli	[puhʋeli]
zebra (f)	seepra	[seːpra]
antílope (m)	antilooppi	[antiloːppi]
corça (f)	metsäkauris	[metsæ·kauris]
gamo (m)	kuusipeura	[kuːsi·peura]
camurça (f)	gemssi	[gemssi]
javali (m)	villisika	[ʋilli·sika]
baleia (f)	valas	[ʋalas]
foca (f)	hylje	[hylje]
morsa (f)	mursu	[mursu]
urso-marinho (m)	merikarhu	[meri·karhu]
golfinho (m)	delfiini	[delfiːni]
urso (m)	karhu	[karhu]
urso (m) polar	jääkarhu	[jæːkarhu]
panda (m)	panda	[panda]
macaco (m)	apina	[apina]
chimpanzé (m)	simpanssi	[simpanssi]
orangotango (m)	oranki	[oraŋki]
gorila (m)	gorilla	[gorilla]
macaco (m)	makaki	[makaki]
gibão (m)	gibboni	[gibboni]
elefante (m)	norsu	[norsu]
rinoceronte (m)	sarvikuono	[sarʋi·kuono]
girafa (f)	kirahvi	[kirahʋi]
hipopótamo (m)	virtahepo	[ʋirta·hepo]
canguru (m)	kenguru	[keŋuru]
coala (m)	pussikarhu	[pussi·karhu]
mangusto (m)	faaraorotta	[faːrao·rotta]
chinchila (f)	sinsilla	[sinsilla]
cangambá (f)	haisunäätä	[hajsunæːtæ]
porco-espinho (m)	piikkisika	[piːkki·sika]

176. Animais domésticos

gata (f)	kissa	[kissa]
gato (m) macho	kollikissa	[kolli·kissa]
cão (m)	koira	[kojra]

cavalo (m)	hevonen	[heʋonen]
garanhão (m)	ori	[ori]
égua (f)	tamma	[tamma]

vaca (f)	lehmä	[lehmæ]
touro (m)	sonni	[sonni]
boi (m)	härkä	[hærkæ]

ovelha (f)	lammas	[lammas]
carneiro (m)	pässi	[pæssi]
cabra (f)	vuohi	[ʋuoɦi]
bode (m)	pukki	[pukki]

| burro (m) | aasi | [aːsi] |
| mula (f) | muuli | [muːli] |

porco (m)	sika	[sika]
leitão (m)	porsas	[porsas]
coelho (m)	kaniini	[kaniːni]

| galinha (f) | kana | [kana] |
| galo (m) | kukko | [kukko] |

pata (f), pato (m)	ankka	[aŋkka]
pato (m)	urosankka	[uros·aŋkka]
ganso (m)	hanhi	[hanhi]

| peru (m) | uroskalkkuna | [uros·kalkkuna] |
| perua (f) | kalkkuna | [kalkkuna] |

animais (m pl) domésticos	kotieläimet	[koti·elæjmet]
domesticado (adj)	kesy	[kesy]
domesticar (vt)	kesyttää	[kesyttæː]
criar (vt)	kasvattaa	[kasʋattaː]

fazenda (f)	farmi	[farmi]
aves (f pl) domésticas	siipikarja	[siːpi·karja]
gado (m)	karja	[karja]
rebanho (m), manada (f)	lauma	[lauma]

estábulo (m)	hevostalli	[heʋos·talli]
chiqueiro (m)	sikala	[sikala]
estábulo (m)	navetta	[naʋetta]
coelheira (f)	kanikoppi	[kani·koppi]
galinheiro (m)	kanala	[kanala]

177. Cães. Raças de cães

cão (m)	koira	[kojra]
cão pastor (m)	paimenkoira	[pajmeŋ·kojra]
pastor-alemão (m)	saksanpaimenkoira	[saksan·pajmeŋ·kojra]
poodle (m)	villakoira	[ʋilla·kojra]
linguicinha (m)	mäyräkoira	[mæuræ·kojra]
buldogue (m)	bulldoggi	[bulldoggi]

boxer (m)	bokseri	[bokseri]
mastim (m)	mastiffi	[mastiffi]
rottweiler (m)	rottweiler	[rottʋɑjler]
dóberman (m)	dobermanni	[dobermɑnni]

basset (m)	basset	[bɑsset]
pastor inglês (m)	bobtail, lampuri	[bobtejl], [læmpuri]
dálmata (m)	dalmatiankoira	[dɑlmɑtiɑni·kojrɑ]
cocker spaniel (m)	cockerspanieli	[kokker·spɑnieli]

| terra-nova (m) | newfoundlandinkoira | [njufɑundlɑndiŋ·kojrɑ] |
| são-bernardo (m) | bernhardinkoira | [bernhɑrdin·kojrɑ] |

husky (m) siberiano	siperianhusky	[siperiɑn·husky]
Chow-chow (m)	kiinanpystykorva	[ki:nɑnpysty·korʋɑ]
spitz alemão (m)	kääpiöpystykorva	[kæ:piøpysty·korʋɑ]
pug (m)	mopsi	[mopsi]

178. Sons produzidos pelos animais

latido (m)	haukunta	[hɑukuntɑ]
latir (vi)	haukkua	[hɑukkuɑ]
miar (vi)	naukua	[nɑukuɑ]
ronronar (vi)	kehrätä	[kehrætæ]

mugir (vaca)	ammua	[ɑmmuɑ]
bramir (touro)	mylviä	[mylʋiæ]
rosnar (vi)	möristä	[møristæ]

uivo (m)	ulvonta	[ulʋontɑ]
uivar (vi)	ulvoa	[ulʋoɑ]
ganir (vi)	inistä	[inistæ]

balir (vi)	määkiä	[mæ:kiæ]
grunhir (vi)	röhkiä	[røhkiæ]
guinchar (vi)	vinkua	[ʋiŋkuɑ]

coaxar (sapo)	kurnuttaa	[kurnuttɑ:]
zumbir (inseto)	surista	[suristɑ]
ziziar (vi)	sirittää	[sirittæ:]

179. Pássaros

pássaro (m), ave (f)	lintu	[lintu]
pombo (m)	kyyhky	[ky:hky]
pardal (m)	varpunen	[ʋɑrpunen]
chapim-real (m)	tiainen	[tiɑjnen]
pega-rabuda (f)	harakka	[hɑrɑkkɑ]

corvo (m)	korppi	[korppi]
˙gralha-cinzenta (f)	varis	[ʋɑris]
gralha-de-nuca-cinzenta (f)	naakka	[nɑ:kkɑ]

gralha-calva (f)	mustavaris	[musta·ʋaris]
pato (m)	ankka	[aŋkka]
ganso (m)	hanhi	[hanhi]
faisão (m)	fasaani	[fasɑ:ni]
águia (f)	kotka	[kotka]
açor (m)	haukka	[haukka]
falcão (m)	jalohaukka	[jalo·haukka]
abutre (m)	korppikotka	[korppi·kotka]
condor (m)	kondori	[kondori]
cisne (m)	joutsen	[joutsen]
grou (m)	kurki	[kurki]
cegonha (f)	haikara	[hajkara]
papagaio (m)	papukaija	[papukaija]
beija-flor (m)	kolibri	[kolibri]
pavão (m)	riikinkukko	[ri:kiŋ·kukko]
avestruz (m)	strutsi	[strutsi]
garça (f)	haikara	[hajkara]
flamingo (m)	flamingo	[flamiŋo]
pelicano (m)	pelikaani	[pelikɑ:ni]
rouxinol (m)	satakieli	[sata·kieli]
andorinha (f)	pääskynen	[pæ:skynen]
tordo-zornal (m)	rastas	[rastas]
tordo-músico (m)	laulurastas	[laulu·rastas]
melro-preto (m)	mustarastas	[musta·rastas]
andorinhão (m)	tervapääsky	[terʋa·pæ:sky]
cotovia (f)	leivonen	[lejʋonen]
codorna (f)	viiriäinen	[ʋi:riæjnen]
pica-pau (m)	tikka	[tikka]
cuco (m)	käki	[kæki]
coruja (f)	pöllö	[pøllø]
bufo-real (m)	huuhkaja	[hu:hkaja]
tetraz-grande (m)	metso	[metso]
tetraz-lira (m)	teeri	[te:ri]
perdiz-cinzenta (f)	peltopyy	[pelto·py:]
estorninho (m)	kottarainen	[kottarajnen]
canário (m)	kanarialintu	[kanaria·lintu]
galinha-do-mato (f)	pyy	[py:]
tentilhão (m)	peippo	[pejppo]
dom-fafe (m)	punatulkku	[puna·tulkku]
gaivota (f)	lokki	[lokki]
albatroz (m)	albatrossi	[albatrossi]
pinguim (m)	pingviini	[piŋʋi:ni]

180. Pássaros. Canto e sons

cantar (vi)	laulaa	[laula:]
gritar, chamar (vi)	huutaa	[hu:ta:]
cantar (o galo)	kiekua	[kiekua]
cocorocó (m)	kukkokiekuu	[kukkokieku:]
cacarejar (vi)	kotkottaa	[kotkotta:]
crocitar (vi)	raakkua	[ra:kkua]
grasnar (vi)	vaakkua	[ʋa:kkua]
piar (vi)	piipittää	[pi:pittæ:]
chilrear, gorjear (vi)	sirkuttaa	[sirkutta:]

181. Peixes. Animais marinhos

brema (f)	lahna	[lahna]
carpa (f)	karppi	[karppi]
perca (f)	ahven	[ahʋen]
siluro (m)	monni	[monni]
lúcio (m)	hauki	[hauki]
salmão (m)	lohi	[loɦi]
esturjão (m)	sampi	[sampi]
arenque (m)	silli	[silli]
salmão (m) do Atlântico	merilohi	[meri·loɦi]
cavala, sarda (f)	makrilli	[makrilli]
solha (f), linguado (m)	kampela	[kampela]
lúcio perca (m)	kuha	[kuɦa]
bacalhau (m)	turska	[turska]
atum (m)	tonnikala	[tonnikala]
truta (f)	taimen	[tajmen]
enguia (f)	ankerias	[aŋkerias]
raia (f) elétrica	rausku	[rausku]
moreia (f)	mureena	[mure:na]
piranha (f)	punapiraija	[puna·piraija]
tubarão (m)	hai	[haj]
golfinho (m)	delfiini	[delfi:ni]
baleia (f)	valas	[ʋalas]
caranguejo (m)	taskurapu	[tasku·rapu]
água-viva (f)	meduusa	[medu:sa]
polvo (m)	meritursas	[meri·tursas]
estrela-do-mar (f)	meritähti	[meri·tæhti]
ouriço-do-mar (m)	merisiili	[meri·si:li]
cavalo-marinho (m)	merihevonen	[meri·heʋonen]
ostra (f)	osteri	[osteri]
camarão (m)	katkarapu	[katkarapu]

| lagosta (f) | hummeri | [hummeri] |
| lagosta (f) | langusti | [laŋusti] |

182. Anfíbios. Répteis

cobra (f)	käärme	[kæ:rme]
venenoso (adj)	myrkky-, myrkyllinen	[myrkky], [myrkyllinen]
víbora (f)	kyy	[ky:]
naja (f)	silmälasikäärme	[silmælɑsi·kæ:rme]
píton (m)	pyton	[pyton]
jiboia (f)	jättiläiskäärme	[jættilæjs·kæ:rme]
cobra-de-água (f)	turhakäärme	[turhɑ·kæ:rme]
cascavel (f)	kalkkarokäärme	[kɑlkkɑro·kæ:rme]
anaconda (f)	anakonda	[ɑnɑkondɑ]
lagarto (m)	lisko	[lisko]
iguana (f)	iguaani	[iguɑ:ni]
varano (m)	varaani	[ʋɑrɑ:ni]
salamandra (f)	salamanteri	[sɑlɑmɑnteri]
camaleão (m)	kameleontti	[kɑmeleontti]
escorpião (m)	skorpioni	[skorpioni]
tartaruga (f)	kilpikonna	[kilpi·konnɑ]
rã (f)	sammakko	[sɑmmɑkko]
sapo (m)	konna	[konnɑ]
crocodilo (m)	krokotiili	[krokoti:li]

183. Insetos

inseto (m)	hyönteinen	[hyøntejnen]
borboleta (f)	perhonen	[perhonen]
formiga (f)	muurahainen	[mu:rɑhɑjnen]
mosca (f)	kärpänen	[kærpænen]
mosquito (m)	hyttynen	[hyttynen]
escaravelho (m)	kovakuoriainen	[koʋɑ·kuoriɑjnen]
vespa (f)	ampiainen	[ɑmpiɑjnen]
abelha (f)	mehiläinen	[mehilæjnen]
mamangaba (f)	kimalainen	[kimɑlɑjnen]
moscardo (m)	kiiliäinen	[ki:liæjnen]
aranha (f)	hämähäkki	[hæmæɦækki]
teia (f) de aranha	hämähäkinseitti	[hæmæɦækin·sejtti]
libélula (f)	sudenkorento	[sudeŋ·korento]
gafanhoto (m)	hepokatti	[hepokatti]
traça (f)	yöperhonen	[yø·perhonen]
barata (f)	torakka	[torɑkkɑ]
carrapato (m)	punkki	[puŋkki]

| pulga (f) | kirppu | [kirppu] |
| borrachudo (m) | mäkärä | [mækæræ] |

gafanhoto (m)	kulkusirkka	[kulku·sirkka]
caracol (m)	etana	[etana]
grilo (m)	sirkka	[sirkka]
pirilampo, vaga-lume (m)	kiiltomato	[ki:lto·mato]
joaninha (f)	leppäkerttu	[leppæ·kerttu]
besouro (m)	turilas	[turilas]

sanguessuga (f)	juotikas	[juotikas]
lagarta (f)	toukka	[toukka]
minhoca (f)	kastemato	[kaste·mato]
larva (f)	toukka	[toukka]

184. Animais. Partes do corpo

bico (m)	nokka	[nokka]
asas (f pl)	siivet	[si:vet]
pata (f)	käpälä	[kæpælæ]
plumagem (f)	höyhenpeite	[høyħen·pejte]
pena, pluma (f)	höyhen	[høyħen]
crista (f)	töyhtö	[tøyhtø]

brânquias, guelras (f pl)	kidukset	[kidukset]
ovas (f pl)	kutea	[kutea]
larva (f)	toukka	[toukka]
barbatana (f)	evä	[evæ]
escama (f)	suomut	[suomut]

presa (f)	torahammas	[tora·hammas]
pata (f)	tassu, käpälä	[tassu], [kæpælæ]
focinho (m)	kuono	[kuono]
boca (f)	kita	[kita]
cauda (f), rabo (m)	häntä	[hæntæ]
bigodes (m pl)	viikset	[ui:kset]

| casco (m) | kavio | [kauio] |
| corno (m) | sarvi | [sarui] |

carapaça (f)	panssari	[panssari]
concha (f)	kotilo	[kotilo]
casca (f) de ovo	kuori	[kuori]

| pelo (m) | karva | [karua] |
| pele (f), couro (m) | vuota | [uuota] |

185. Animais. Habitats

hábitat (m)	elinympäristö	[elin·ympæristø]
migração (f)	muuttoliike	[mu:ttoli:ke]
montanha (f)	vuori	[uuori]

recife (m)	riutta	[riutta]
falésia (f)	kalju	[kalju]
floresta (f)	metsä	[metsæ]
selva (f)	viidakko	[ui:dakko]
savana (f)	savanni	[sauanni]
tundra (f)	tundra	[tundra]
estepe (f)	aro	[aro]
deserto (m)	aavikko	[a:uikko]
oásis (m)	keidas	[kejdas]
mar (m)	meri	[meri]
lago (m)	järvi	[jærui]
oceano (m)	valtameri	[ualta·meri]
pântano (m)	suo	[suo]
de água doce	makeavetinen	[makea·uetinen]
lagoa (f)	lampi, lammikko	[lampi], [lammikko]
rio (m)	joki	[joki]
toca (f) do urso	karhunpesä	[karhun·pesæ]
ninho (m)	pesä	[pesæ]
buraco (m) de árvore	pesäkolo	[pesæ·kolo]
toca (f)	kolo	[kolo]
formigueiro (m)	muurahaiskeko	[mu:rahajs·keko]

Flora

186. Árvores

árvore (f)	puu	[pu:]
decídua (adj)	lehti-	[lehti]
conífera (adj)	havu-	[havu]
perene (adj)	ikivihreä	[ikivihrea]
macieira (f)	omenapuu	[omena·pu:]
pereira (f)	päärynäpuu	[pæ:rynæ·pu:]
cerejeira (f)	linnunkirsikkapuu	[linnun·kirsikkapu:]
ginjeira (f)	hapankirsikkapuu	[hapan·kirsikkapu:]
ameixeira (f)	luumupuu	[lu:mu·pu:]
bétula (f)	koivu	[kojuu]
carvalho (m)	tammi	[tammi]
tília (f)	lehmus	[lehmus]
choupo-tremedor (m)	haapa	[ha:pa]
bordo (m)	vaahtera	[va:htera]
espruce (m)	kuusipuu	[ku:si·pu:]
pinheiro (m)	mänty	[mænty]
alerce, lariço (m)	lehtikuusi	[lehti·ku:si]
abeto (m)	jalokuusi	[jaloku:si]
cedro (m)	setri	[setri]
choupo, álamo (m)	poppeli	[poppeli]
tramazeira (f)	pihlaja	[pihlaja]
salgueiro (m)	paju	[paju]
amieiro (m)	leppä	[leppæ]
faia (f)	pyökki	[pyøkki]
ulmeiro, olmo (m)	jalava	[jalava]
freixo (m)	saarni	[sa:rni]
castanheiro (m)	kastanja	[kastanja]
magnólia (f)	magnolia	[magnolia]
palmeira (f)	palmu	[palmu]
cipreste (m)	sypressi	[sypressi]
mangue (m)	mangrove	[maŋrove]
embondeiro, baobá (m)	apinanleipäpuu	[apinan·lejpæpu:]
eucalipto (m)	eukalyptus	[eukalyptus]
sequoia (f)	punapuu	[puna·pu:]

187. Arbustos

arbusto (m)	pensas	[pensas]
arbusto (m), moita (f)	pensaikko	[pensajkko]

| videira (f) | viinirypäleet | [ʋi:ni·rypæle:t] |
| vinhedo (m) | viinitarha | [ʋi:ni·tarha] |

framboeseira (f)	vadelma	[ʋadelma]
groselheira-negra (f)	mustaherukka	[musta·herukka]
groselheira-vermelha (f)	punaherukka	[puna·herukka]
groselheira (f) espinhosa	karviainen	[karʋiajnen]

acácia (f)	akasia	[akasia]
bérberis (f)	happomarja	[happomarja]
jasmim (m)	jasmiini	[jasmi:ni]

junípero (m)	kataja	[kataja]
roseira (f)	ruusupensas	[ru:su·pensas]
roseira (f) brava	villiruusu	[ʋilli·ru:su]

188. Cogumelos

cogumelo (m)	sieni	[sieni]
cogumelo (m) comestível	ruokasieni	[ruoka·sieni]
cogumelo (m) venenoso	myrkkysieni	[myrkky·sieni]
chapéu (m)	lakki	[lakki]
pé, caule (m)	jalka	[jalka]

boleto, porcino (m)	herkkutatti	[herkkutatti]
boleto (m) alaranjado	punikkitatti	[punikki·tatti]
boleto (m) de bétula	lehmäntatti	[lehmæn·tatti]
cantarelo (m)	keltavahvero	[kelta·ʋahʋero]
rússula (f)	hapero	[hapero]

morchella (f)	huhtasieni	[huhtasieni]
agário-das-moscas (m)	kärpässieni	[kærpæssieni]
cicuta (f) verde	kavalakärpässieni	[kaʋala·kærpæssieni]

189. Frutos. Bagas

fruta (f)	hedelmä	[hedelmæ]
frutas (f pl)	hedelmät	[hedelmæt]
maçã (f)	omena	[omena]
pera (f)	päärynä	[pæ:rynæ]
ameixa (f)	luumu	[lu:mu]

morango (m)	mansikka	[mansikka]
ginja (f)	hapankirsikka	[hapan·kirsikka]
cereja (f)	linnunkirsikka	[linnun·kirsikka]
uva (f)	viinirypäleet	[ʋi:ni·rypæle:t]

framboesa (f)	vadelma	[ʋadelma]
groselha (f) negra	mustaherukka	[musta·herukka]
groselha (f) vermelha	punaherukka	[puna·herukka]
groselha (f) espinhosa	karviainen	[karʋiajnen]
oxicoco (m)	karpalo	[karpalo]

laranja (f)	appelsiini	[appelsi:ni]
tangerina (f)	mandariini	[mandari:ni]
abacaxi (m)	ananas	[ananas]
banana (f)	banaani	[bana:ni]
tâmara (f)	taateli	[ta:teli]

limão (m)	sitruuna	[sitru:na]
damasco (m)	aprikoosi	[apriko:si]
pêssego (m)	persikka	[persikka]
quiuí (m)	kiivi	[ki:ʋi]
toranja (f)	greippi	[grejppi]

baga (f)	marja	[marja]
bagas (f pl)	marjat	[marjat]
arando (m) vermelho	puolukka	[puolukka]
morango-silvestre (m)	ahomansikka	[aho·mansikka]
mirtilo (m)	mustikka	[mustikka]

190. Flores. Plantas

| flor (f) | kukka | [kukka] |
| buquê (m) de flores | kukkakimppu | [kukka·kimppu] |

rosa (f)	ruusu	[ru:su]
tulipa (f)	tulppani	[tulppani]
cravo (m)	neilikka	[nejlikka]
gladíolo (m)	miekkalilja	[miekkalilja]

centáurea (f)	kaunokki	[kaunokki]
campainha (f)	kissankello	[kissan·kello]
dente-de-leão (m)	voikukka	[ʋoj·kukka]
camomila (f)	päivänkakkara	[pæjʋæn·kakkara]

aloé (m)	aaloe	[a:loe]
cacto (m)	kaktus	[kaktus]
fícus (m)	fiikus	[fi:kus]

lírio (m)	lilja	[lilja]
gerânio (m)	kurjenpolvi	[kurjen·polʋi]
jacinto (m)	hyasintti	[hyasintti]

mimosa (f)	mimosa	[mimosa]
narciso (m)	narsissi	[narsissi]
capuchinha (f)	koristekrassi	[koriste·krassi]

orquídea (f)	orkidea	[orkidea]
peônia (f)	pioni	[pioni]
violeta (f)	orvokki	[orʋokki]

amor-perfeito (m)	keto-orvokki	[keto·orʋokki]
não-me-esqueças (m)	lemmikki	[lemmikki]
margarida (f)	kaunokainen	[kaunokajnen]
papoula (f)	unikko	[unikko]
cânhamo (m)	hamppu	[hamppu]

hortelã, menta (f)	minttu	[minttu]
lírio-do-vale (m)	kielo	[kielo]
campânula-branca (f)	lumikello	[lumi·kello]

urtiga (f)	nokkonen	[nokkonen]
azedinha (f)	suolaheinä	[suola·hejnæ]
nenúfar (m)	lumme	[lumme]
samambaia (f)	saniainen	[saniajnen]
líquen (m)	jäkälä	[jækælæ]

estufa (f)	talvipuutarha	[talui·puːtarha]
gramado (m)	nurmikko	[nurmikko]
canteiro (m) de flores	kukkapenkki	[kukka·peŋkki]

planta (f)	kasvi	[kasui]
grama (f)	ruoho	[ruoho]
folha (f) de grama	heinänkorsi	[hejnæŋ·korsi]

folha (f)	lehti	[lehti]
pétala (f)	terälehti	[teræ·lehti]
talo (m)	varsi	[uarsi]
tubérculo (m)	mukula	[mukula]

broto, rebento (m)	itu	[itu]
espinho (m)	piikki	[piːkki]

florescer (vi)	kukkia	[kukkia]
murchar (vi)	kuihtua	[kujhtua]
cheiro (m)	tuoksu	[tuoksu]
cortar (flores)	leikata	[lejkata]
colher (uma flor)	repiä	[repiæ]

191. Cereais, grãos

grão (m)	vilja	[uilja]
cereais (plantas)	viljat	[uiljat]
espiga (f)	tähkä	[tæhkæ]

trigo (m)	vehnä	[uehnæ]
centeio (m)	ruis	[rujs]
aveia (f)	kaura	[kaura]

painço (m)	hirssi	[hirssi]
cevada (f)	ohra	[ohra]

milho (m)	maissi	[majssi]
arroz (m)	riisi	[riːsi]
trigo-sarraceno (m)	tattari	[tattari]

ervilha (f)	herne	[herne]
feijão (m) roxo	pavut	[pauut]
soja (f)	soija	[soija]
lentilha (f)	linssi	[linssi]
feijão (m)	pavut	[pauut]

GEOGRAFIA REGIONAL

Países. Nacionalidades

192. Política. Governo. Parte 1

política (f)	politiikka	[politi:kka]
político (adj)	poliittinen	[poli:ttinen]
político (m)	poliitikko	[poli:tikko]
estado (m)	valtio	[ʋaltio]
cidadão (m)	kansalainen	[kansalajnen]
cidadania (f)	kansalaisuus	[kansalajsu:s]
brasão (m) de armas	kansallinen vaakuna	[kansallinen ʋa:kuna]
hino (m) nacional	kansallishymni	[kansallis·hymni]
governo (m)	hallitus	[hallitus]
Chefe (m) de Estado	valtionpäämies	[ʋaltion·pæ:mies]
parlamento (m)	parlamentti	[parlamentti]
partido (m)	puolue	[puolue]
capitalismo (m)	kapitalismi	[kapitalismi]
capitalista (adj)	kapitalistinen	[kapitalistinen]
socialismo (m)	sosialismi	[sosialismi]
socialista (adj)	sosialistinen	[sosialistinen]
comunismo (m)	kommunismi	[kommunismi]
comunista (adj)	kommunistinen	[kommunistinen]
comunista (m)	kommunisti	[kommunisti]
democracia (f)	demokratia	[demokratia]
democrata (m)	demokraatti	[demokra:tti]
democrático (adj)	demokraattinen	[demokra:ttinen]
Partido (m) Democrático	demokraattinen puolue	[demokra:ttinen puolue]
liberal (m)	liberaali	[libera:li]
liberal (adj)	liberaali	[libera:li]
conservador (m)	konservatiivi	[konserʋati:ʋi]
conservador (adj)	konservatiivinen	[konserʋati:ʋinen]
república (f)	tasavalta	[tasa·ʋalta]
republicano (m)	republikaani	[republika:ni]
Partido (m) Republicano	republikaanipuolue	[republika:ni·puolue]
eleições (f pl)	vaalit	[ʋa:lit]
eleger (vt)	valita	[ʋalita]

| eleitor (m) | valitsijamies | [ʋalitsijamies] |
| campanha (f) eleitoral | vaalikampanja | [ʋɑːliˈkampanja] |

votação (f)	äänestys	[æːnestys]
votar (vi)	äänestää	[æːnestæː]
sufrágio (m)	äänioikeus	[æːniojkeus]

candidato (m)	ehdokas	[ehdokas]
candidatar-se (vi)	asettua ehdokkaaksi	[asettua ehdokkaːksi]
campanha (f)	kampanja	[kampanja]

| da oposição | oppositio- | [oppositio] |
| oposição (f) | oppositio | [oppositio] |

visita (f)	vierailu	[ʋierajlu]
visita (f) oficial	virallinen vierailu	[ʋirallinen ʋierajlu]
internacional (adj)	kansainvälinen	[kansajnʋælinen]

| negociações (f pl) | neuvottelut | [neuʋottelut] |
| negociar (vi) | käydä neuvotteluja | [kæydæ neuʋottelua] |

193. Política. Governo. Parte 2

sociedade (f)	yhteiskunta	[yhtejsˈkunta]
constituição (f)	perustuslaki	[perustusˈlaki]
poder (ir para o ~)	valta	[ʋalta]
corrupção (f)	korruptio	[korruptjo]

| lei (f) | laki | [laki] |
| legal (adj) | laillinen | [lajllinen] |

| justeza (f) | oikeudenmukaisuus | [ojkeudenˈmukajsuːs] |
| justo (adj) | oikeudenmukainen | [ojkeudenˈmukajnen] |

comitê (m)	komitea	[komitea]
projeto-lei (m)	lakiehdotus	[lakiˈehdotus]
orçamento (m)	budjetti	[budjetti]
política (f)	politiikka	[politiːkka]
reforma (f)	reformi	[reformi]
radical (adj)	radikaali	[radikaːli]

força (f)	voima	[ʋojma]
poderoso (adj)	voimakas	[ʋojmakas]
partidário (m)	puolustaja	[puolustaja]
influência (f)	vaikutus	[ʋajkutus]

regime (m)	hallinto	[hallinto]
conflito (m)	konflikti	[konflikti]
conspiração (f)	salaliitto	[salaliːtto]
provocação (f)	provokaatio	[proʋokaːtio]

derrubar (vt)	kukistaa	[kukista:]
derrube (m), queda (f)	vallankaappaus	[ʋallanˈkaːppaus]
revolução (f)	vallankumous	[ʋallanˈkumous]

| golpe (m) de Estado | kumous | [kumous] |
| golpe (m) militar | sotilasvallankaappaus | [sotilas·uallan·ka:ppaus] |

crise (f)	kriisi	[kri:si]
recessão (f) econômica	taantuma	[ta:ntuma]
manifestante (m)	mielenosoittaja	[mielen·osojttaja]
manifestação (f)	mielenosoitus	[mielen·osojtus]
lei (f) marcial	sotatilalaki	[sotatila·laki]
base (f) militar	tukikohta	[tuki·kohta]

| estabilidade (f) | vakaus | [uakaus] |
| estável (adj) | vakaa | [uaka:] |

| exploração (f) | hyväksikäyttö | [hyuæksi·kæyttø] |
| explorar (vt) | käyttää hyväksi | [kæyttæ: hyuæksi] |

racismo (m)	rasismi	[rasismi]
racista (m)	rasisti	[rasisti]
fascismo (m)	fasismi	[fasismi]
fascista (m)	fasisti	[fasisti]

194. Países. Diversos

estrangeiro (m)	ulkomaalainen	[ulkoma:lajnen]
estrangeiro (adj)	ulkomainen	[ulkomajnen]
no estrangeiro	ulkomailla	[ulkomajlla]

emigrante (m)	maastamuuttaja	[ma:sta·mu:ttaja]
emigração (f)	maastamuutto	[ma:sta·mu:tto]
emigrar (vi)	muuttaa maasta	[mu:tta: ma:sta]

Ocidente (m)	länsi	[lænsi]
Oriente (m)	itä	[itæ]
Extremo Oriente (m)	Kaukoitä	[kaukojtæ]

civilização (f)	sivilisaatio	[siuilisa:tio]
humanidade (f)	ihmiskunta	[ihmis·kunta]
mundo (m)	maailma	[ma:jlma]
paz (f)	rauha	[rauha]
mundial (adj)	maailmanlaajuinen	[ma:jlmanla:juinen]

pátria (f)	synnyinmaa	[synnyjn·ma:]
povo (população)	kansa	[kansa]
população (f)	väestö	[uæestø]
gente (f)	ihmiset	[ihmiset]
nação (f)	kansakunta	[kansa·kunta]
geração (f)	sukupolvi	[suku·polui]

território (m)	alue	[alue]
região (f)	seutu	[seutu]
estado (m)	osavaltio	[osa·ualtio]

| tradição (f) | perinne | [perinne] |
| costume (m) | tapa | [tapa] |

ecologia (f)	ekologia	[ekologia]
índio (m)	intiaani	[intia:ni]
cigano (m)	mustalainen	[mustalɑjnen]
cigana (f)	mustalainen	[mustalɑjnen]
cigano (adj)	mustalainen	[mustalɑjnen]

império (m)	keisarikunta	[kejsari·kunta]
colônia (f)	kolonia	[kolonia]
escravidão (f)	orjuus	[orju:s]
invasão (f)	maahanhyökkäys	[ma:han·hyøkkæys]
fome (f)	nälänhätä	[nælæn·hætæ]

195. Grupos religiosos mais importantes. Confissões

religião (f)	uskonto	[uskonto]
religioso (adj)	uskonnollinen	[uskonnollinen]

crença (f)	usko	[usko]
crer (vt)	uskoa	[uskoa]
crente (m)	uskovainen	[uskouɑjnen]

ateísmo (m)	ateismi	[ateismi]
ateu (m)	ateisti	[ateisti]

cristianismo (m)	Kristinusko	[kristinusko]
cristão (m)	kristitty	[kristitty]
cristão (adj)	kristillinen	[kristillinen]

catolicismo (m)	Katolilaisuus	[katolilɑjsu:s]
católico (m)	katolilainen	[katolilɑjnen]
católico (adj)	katolinen	[katolinen]

protestantismo (m)	Protestanttisuus	[protestanttisu:s]
Igreja (f) Protestante	Protestanttinen Kirkko	[protestanttinen kirkko]
protestante (m)	protestantti	[protestantti]

ortodoxia (f)	Ortodoksisuus	[ortodoksisu:s]
Igreja (f) Ortodoxa	Ortodoksinen kirkko	[ortodoksinen kirkko]
ortodoxo (m)	ortodoksi	[ortodoksi]

presbiterianismo (m)	Presbyteerinen kirkko	[presbyte:rinen kirkko]
Igreja (f) Presbiteriana	Presbyteerikirkko	[presbyte:ri·kirkko]
presbiteriano (m)	presbyteeri	[presbyte:ri]

luteranismo (m)	Luterilainen Kirkko	[luterilɑjnen kirkko]
luterano (m)	luterilainen	[luterilɑjnen]

Igreja (f) Batista	Baptismi	[baptismi]
batista (m)	baptisti	[baptisti]

Igreja (f) Anglicana	Anglikaaninen Kirkko	[aŋlika:ninen kirkko]
anglicano (m)	anglikaaninen	[aŋlika:ninen]
mormonismo (m)	Mormonismi	[mormonismi]
mórmon (m)	mormoni	[mormoni]

| Judaísmo (m) | Juutalaisuus | [ju:talajsu:s] |
| judeu (m) | juutalainen | [ju:talajnen] |

| budismo (m) | Buddhalaisuus | [buddhalajsu:s] |
| budista (m) | buddhalainen | [buddhalajnen] |

| hinduísmo (m) | Hindulaisuus | [hindulajsu:s] |
| hindu (m) | hindulainen | [hindulajnen] |

Islã (m)	Islam	[islam]
muçulmano (m)	muslimi	[muslimi]
muçulmano (adj)	islamilainen	[islamilajnen]

| xiismo (m) | Šiialaisuus | [ʃi:alajsu:s] |
| xiita (m) | shiialainen | [ʃi:alajnen] |

| sunismo (m) | Sunnalaisuus | [sunnalajsu:s] |
| sunita (m) | sunnalainen | [sunnalajnen] |

196. Religiões. Padres

| padre (m) | pappi | [pappi] |
| Papa (m) | Paavi | [pa:ui] |

monge (m)	munkki	[muŋkki]
freira (f)	nunna	[nunna]
pastor (m)	pastori	[pastori]

abade (m)	apotti	[apotti]
vigário (m)	kirkkoherra	[kirkko·herra]
bispo (m)	piispa	[pi:spa]
cardeal (m)	kardinaali	[kardina:li]

pregador (m)	saarnaaja	[sa:rna:ja]
sermão (m)	saarna; kirkoissa	[sa:rna]; [kirkojssa]
paroquianos (pl)	seurakuntalaiset	[seurakunta·lajset]

| crente (m) | uskovainen | [uskouajnen] |
| ateu (m) | ateisti | [ateisti] |

197. Fé. Cristianismo. Islão

| Adão | Aadam | [a:dam] |
| Eva | Eeva | [e:ua] |

Deus (m)	Jumala	[jumala]
Senhor (m)	Luoja	[luoja]
Todo Poderoso (m)	Kaikkivoipa	[kajkki·uojpa]

pecado (m)	synti	[synti]
pecar (vi)	tehdä syntiä	[tehdæ syntiæ]
pecador (m)	syntinen	[syntinen]

pecadora (f)	syntinen	[syntinen]
inferno (m)	helvetti	[heluetti]
paraíso (m)	paratiisi	[parati:si]
Jesus	Jeesus	[je:sus]
Jesus Cristo	Jeesus Kristus	[je:sus kristus]
Espírito (m) Santo	Pyhä Henki	[pyhæ heŋki]
Salvador (m)	Pelastaja	[pelastaja]
Virgem Maria (f)	Neitsyt Maria	[nejtsyt maria]
Diabo (m)	Perkele	[perkele]
diabólico (adj)	perkeleen	[perkele:n]
Satanás (m)	Saatana	[sa:tana]
satânico (adj)	saatanallinen	[sa:tanallinen]
anjo (m)	enkeli	[eŋkeli]
anjo (m) da guarda	suojelusenkeli	[suojelus·eŋkeli]
angelical	enkelin	[eŋkelin]
apóstolo (m)	apostoli	[apostoli]
arcanjo (m)	arkkienkeli	[arkkieŋkeli]
anticristo (m)	antikristus	[antikristus]
Igreja (f)	kirkko	[kirkko]
Bíblia (f)	Raamattu	[ra:mattu]
bíblico (adj)	raamatullinen	[ra:matullinen]
Velho Testamento (m)	Vanha testamentti	[uanha testamentti]
Novo Testamento (m)	Uusi testamentti	[u:si testamentti]
Evangelho (m)	Evankeliumi	[euaŋkeliumi]
Sagradas Escrituras (f pl)	Pyhä Raamattu	[pyhæ ra:mattu]
Céu (sete céus)	Taivas	[tajuas]
mandamento (m)	käsky	[kæsky]
profeta (m)	profeetta	[profe:tta]
profecia (f)	profetia	[profetia]
Alá (m)	Allah	[allah]
Maomé (m)	Muhammad	[muhammad]
Alcorão (m)	Koraani	[kora:ni]
mesquita (f)	moskeija	[moskeja]
mulá (m)	mullah	[mullah]
oração (f)	rukous	[rukous]
rezar, orar (vi)	rukoilla	[rukojlla]
peregrinação (f)	pyhiinvaellus	[pyhi:nuaellus]
peregrino (m)	pyhiinvaeltaja	[pyhi:nuaeltaja]
Meca (f)	Mekka	[mekka]
igreja (f)	kirkko	[kirkko]
templo (m)	temppeli	[temppeli]
catedral (f)	tuomiokirkko	[tuomio·kirkko]
gótico (adj)	goottilainen	[go:ttilajnen]
sinagoga (f)	synagoga	[synagoga]

mesquita (f)	moskeija	[moskeja]
capela (f)	kappeli	[kappeli]
abadia (f)	katolinen luostari	[katolinen luostari]
convento (m)	nunnaluostari	[nunna·luostari]
monastério (m)	munkkiluostari	[muŋkki·luostari]
sino (m)	kello	[kello]
campanário (m)	kellotapuli	[kello·tapuli]
repicar (vi)	soittaa	[sojtta:]
cruz (f)	risti	[risti]
cúpula (f)	kupoli	[kupoli]
ícone (m)	ikoni, pyhäinkuva	[ikoni], [pyɦæjŋ·kuʋa]
alma (f)	sielu	[sielu]
destino (m)	kohtalo	[kohtalo]
mal (m)	paha, pahuus	[paɦa], [paɦu:s]
bem (m)	hyvyys	[hyʋy:s]
vampiro (m)	vampyyri	[ʋampy:ri]
bruxa (f)	noita	[nojta]
demônio (m)	demoni	[demoni]
espírito (m)	henki	[heŋki]
redenção (f)	lunastus	[lunastus]
redimir (vt)	lunastaa	[lunasta:]
missa (f)	jumalanpalvelus	[jumalan·palʋelus]
celebrar a missa	toimittaa jumalanpalvelus	[tojmitta: jumalan·palʋelus]
confissão (f)	rippi	[rippi]
confessar-se (vr)	ripittäytyä	[ripittæytyæ]
santo (m)	pyhimys	[pyɦimys]
sagrado (adj)	pyhä	[pyɦæ]
água (f) benta	vihkivesi	[ʋihki·ʋesi]
ritual (m)	rituaali	[ritua:li]
ritual (adj)	rituaalinen	[ritua:linen]
sacrifício (m)	uhraus	[uhraus]
superstição (f)	taikausko	[tajka·usko]
supersticioso (adj)	taikauskoinen	[tajkauskojnen]
vida (f) após a morte	kuolemanjälkeinen elämä	[kuolemanjælkejnen elæmæ]
vida (f) eterna	ikuinen elämä	[ikujnen elæma]

TEMAS DIVERSOS

198. Várias palavras úteis

ajuda (f)	apu	[apu]
barreira (f)	este	[este]
base (f)	pohja	[pohja]
categoria (f)	kategoria	[kategoria]
causa (f)	syy	[sy:]
coincidência (f)	yhteensattuma	[yhte:n·sattuma]
coisa (f)	esine	[esine]
começo, início (m)	alku	[alku]
cômodo (ex. poltrona ~a)	mukava	[mukaʋa]
comparação (f)	vertailu	[ʋertajlu]
compensação (f)	kompensaatio	[kompensa:tio]
crescimento (m)	kasvu	[kasʋu]
desenvolvimento (m)	kehitys	[keĥitys]
diferença (f)	erotus	[erotus]
efeito (m)	vaikutus	[ʋajkutus]
elemento (m)	elementti	[elementti]
equilíbrio (m)	tasapaino	[tasa·pajno]
erro (m)	erehdys	[erehdys]
esforço (m)	ponnistus	[ponnistus]
estilo (m)	tyyli	[ty:li]
exemplo (m)	esimerkki	[esimerkki]
fato (m)	tosiasia	[tosiasia]
fim (m)	loppu	[loppu]
forma (f)	muoto	[muoto]
frequente (adj)	usein toistuva	[usejn tojstuʋa]
fundo (ex. ~ verde)	tausta	[tausta]
gênero (tipo)	laji	[lajı]
grau (m)	aste	[aste]
ideal (m)	ihanne	[iĥanne]
labirinto (m)	labyrintti	[labyrintti]
modo (m)	keino	[kejno]
momento (m)	hetki	[hetki]
objeto (m)	esine	[esine]
obstáculo (m)	este	[este]
original (m)	alkuperäiskappale	[alkuperæjs·kappale]
padrão (adj)	standardi-	[standardi]
padrão (m)	standardi	[standardi]
paragem (pausa)	seisaus	[seisaus]
parte (f)	osa	[osa]

partícula (f)	hiukkanen	[hiukkanen]
pausa (f)	tauko	[tauko]
posição (f)	asema	[asema]
princípio (m)	periaate	[peria:te]

problema (m)	ongelma	[oŋelma]
processo (m)	prosessi	[prosessi]
progresso (m)	edistys	[edistys]
propriedade (qualidade)	ominaisuus	[ominajsu:s]

reação (f)	reaktio	[reaktio]
risco (m)	riski	[riski]
ritmo (m)	tempo	[tempo]
segredo (m)	salaisuus	[salajsu:s]
série (f)	sarja	[sarja]

sistema (m)	systeemi	[syste:mi]
situação (f)	tilanne	[tilanne]
solução (f)	ratkaisu	[ratkajsu]
tabela (f)	taulukko	[taulukko]
termo (ex. ~ técnico)	termi	[termi]

tipo (m)	tyyppi	[ty:ppi]
urgente (adj)	kiireellinen	[ki:re:llinen]
urgentemente	kiireellisesti	[ki:re:llisesti]
utilidade (f)	hyödyllisyys	[hyødyllisy:s]

variante (f)	variantti	[uariantti]
variedade (f)	valikoima	[uali·kojma]
verdade (f)	totuus	[totu:s]
vez (f)	vuoro	[uuoro]
zona (f)	vyöhyke	[uyøhyke]

www.ingramcontent.com/pod-product-compliance
Lightning Source LLC
Chambersburg PA
CBHW071342090426
42738CB00012B/2979